たび活×住み活

読むと行きたくなる。
行くと住みたくなる―

in 宮城

たび活・住み活研究家 大沢玲子

旅好きのアラフィフ夫婦が、
独自の視点で「観光以上移住未満」の
地方の楽しみ方、その地の魅力を
ユルリと紹介いたします。

妻　レイコ

鹿児島・枕崎市生まれ。親の転勤による転校が多い生い立ちで、自称・根なし草的人間。職業・ライター。好物は国内外を巡り、地元のウマいものを食べ、酒を飲むこと。宮城は、東日本大震災の2年後、2013年に取材で回り、沿岸部の津波の被害に息をのんだ。今回は改めて食材王国っぷりを堪能。マニアなB級スポット、移住に熱い村・町などを発掘し、魅力を再発見！

夫　ヒロシ

海なし県の埼玉・幸手市出身。職業・税理士。数字と歴史にうるさく、毒舌を得意技とする。今回も公共交通機関を徹底リサーチし、宮城県をくまなく巡る綿密な計画を立案。ウマいものの発掘にも力を尽くした。特に気に入ったのが塩竈《しおがま》のマグロ。寿司には勝てん！　片倉小十郎と真田幸村の関係性、松島の意外な歴史、仙台の軍都としての成り立ちなど、歴史の深掘りにも注力！

はじめに――「たび活×住み活」ってナンだ？

宮城は前に執筆していたご当地本シリーズでも、『仙台ルール』（ＫＡＤＯＫＡＷＡ）と題していろんな〝あるあるネタ〟を紹介したけど、17冊出したシリーズの中でも、すごく印象に残っている。

刊行したのは、東日本大震災から2年後の２０１３年だっけ。仙台市中心部は既に通常運転でにぎわっていたし、あのころはむしろ復興バブルなんて言葉もあって、繁華街の国分町も県外から復興工事で来る人でうるおっていた感じもあった。

けれど、仙台市内でも沿岸の若林区はまだまだ復興の道半ばで、県南の亘理町とか、県北の石巻市や気仙沼市の沿岸部はホント、何もないというか、がれきや津波で柱だけになった家がまだ残っていた。２人で言葉も出なくて、ただただ歩き回ったことを覚えてる。

そこから何回か仙台市や石巻市には定点観測で来てたけど、本格的に県全体を回ったのは初めてだったね。

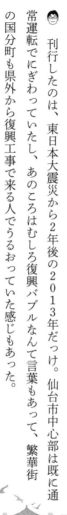

というわけで、「たび活×住み活」シリーズ9冊目。宮城を巡って、改めての感想はどうだった？

いつも言っているけど、公共交通機関だけで県全体を回るのはなかなか大変だった。特に県北の栗原市とか登米《とめ》市、大崎市、さらに県南の角田《かくだ》市とか丸森町とか。一方で仙台駅に戻ると、電車も構内も人で混雑していて、〝仙台一強！〟ってつくづく感じた。

県の人口の約半分が仙台に集中してるんだもんね。被災した電車の気仙沼線の代替として、線路敷を使った専用道を走るBRT（バス・ラピッド・トランジット）で、気仙沼市とか南三陸町に行ったのも貴重な経験だった。

仙台一極集中の中でも、移住に力を入れている、今まで名前も知らなかった自治体に行ったのも貴重だったかな。七ヶ宿町とかね。「しちかしゅく」って知らない人は絶対読めないし、めちゃくちゃ発音しにくいけど（笑）。

実は宮城県最大のダム、七ヶ宿ダムがあって、仙台の〝水がめ〟という重要な役割を担っているという。若い人が楽しそうに働いてる、オシャレなブックカフェもあって、失礼ながら驚いた。お笑いの（狩野）英孝ちゃんの出身地っていうイメージしかなかった栗原市

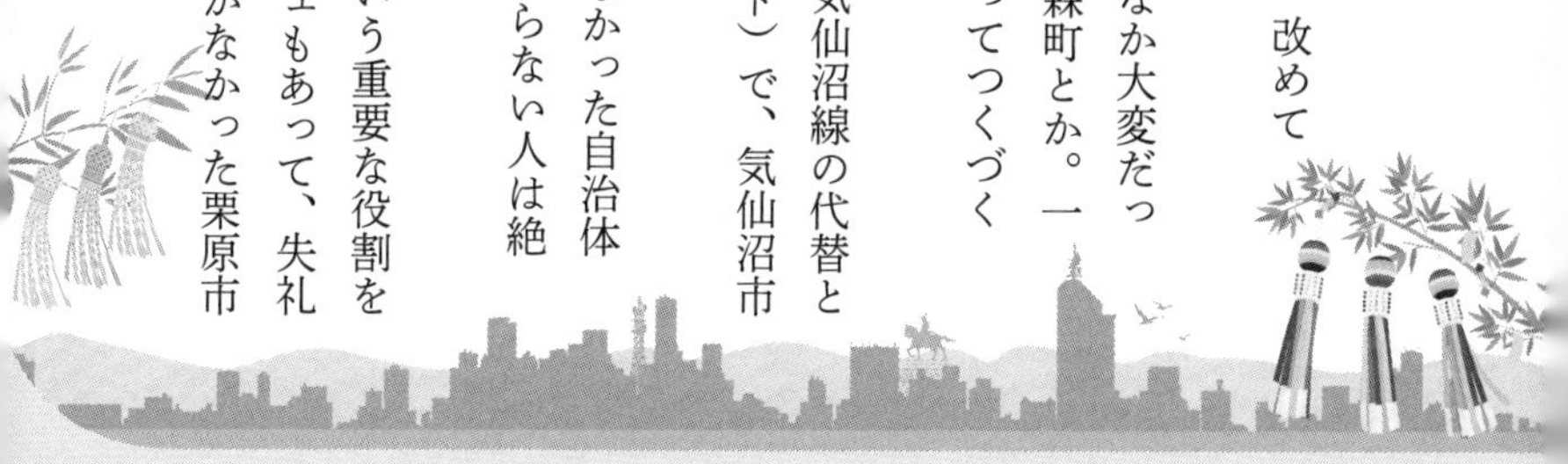

も、毎年発表される「住みたい田舎ベストランキング2024年版」で選ばれてたしね。

栗原市といえば、B級スポット的な「細倉マインパーク」で鉱山の歴史を知ることができたのも良かった。どうしても、旅行だと仙台、松島辺りに集中しがちだけど、もっと県全体の魅力が知られるといいな。

食べ物はどうだった?

なんといっても、今回の発見は塩竈《しおがま》のマグロのウマさ!かな。一般的には青森の大間とか神奈川の三崎なんかが有名だけど、断然、味の濃さ、ねっとり感、ちょうどいい脂の乗り具合で、塩竈のマグロが強かった。

キミ、仙台駅東口の「廻鮮寿司塩釜港」で、スマホで注文できるからって調子に乗って、マグロ、大人食いしてたし(笑)。

仙台の人気居酒屋「侘《わ》び助」のセリ鍋も、セリと鴨肉のシンプル構成でウマかった。

女将の強烈なキャラ・トークのおまけ付き(笑)。南三陸町で食べたウニやタコ、石巻のクジラや焼きそばもおいしかったし、あと、お取り寄せで食べた気仙沼のメカ(ジキ)しゃぶも目新しかった。

秋サケとか金華さばとか、海水温の上昇などの影響で漁獲高が減っているって心配な話もあったけどね。

以前に来た時は何もない状況だった三陸エリアも復興が進んで、震災遺構や資料が展示されている伝承館を巡ったね。当然ながら地域によって復興の進め方も違っていて、背景にある地元の人の思いを考えさせられたかな。

一番大きいのは津波に備えて防潮堤を造るか造らないか。仕方がないけれど、巨大な防潮堤があると、なんだか要塞みたいでキレイな海の眺めも見えなくてもったいない。

防潮堤を造らず、町全体をかさ上げしコンパクト化した女川町《おながわ》のモデルは、人口が減少していく中でどうまちづくりを進めるか、2024年1月に起こった能登半島地震でも参考にされているみたい。

仙台市や企業の進出で人口が増えている自治体以外、人口減少は深刻な問題だ。

と、話が盛り上がり、遅ればせながらですが、「たび活×住み活」の説明を。観光と移住の両方の視点で地方を深掘りし、応援していこうというシリーズ本になります。

塩竈のマグロ、絶賛オススメです。

そこ？　変わらず夫婦のユルい会話も楽しんでいただければ幸いです。

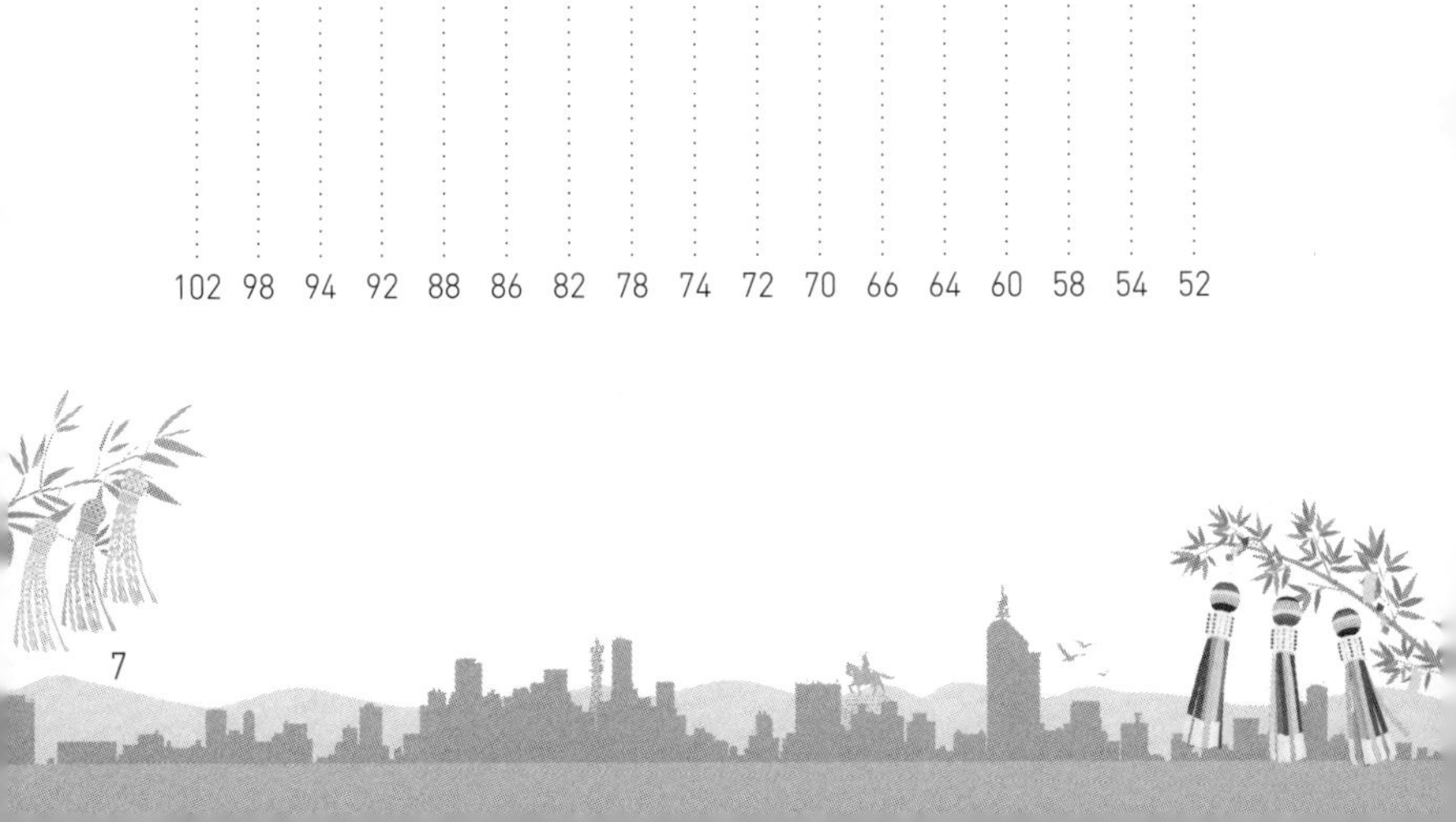

※文中の数値・データはＰ１５８の参考文献に挙げた統計・調査結果を基に引用しています。
参考文献の詳細についても紙幅の都合上、Ｐ１５８にまとめました。
原則的に人物の敬称は省略しています。
取材・執筆時点から、データが変更されている場合があります。
訪問する際は再度のご確認をお願いいたします。

たび活×住み活 1

日本一かっこいい!?
政宗騎馬像の
元祖を知る

伊達政宗って、武将としては天下統一できなかったけど、仙台城跡に立つ騎馬像はカッコいい。

全国、いろんな武将の銅像を見てきたけど、カッコよさでは日本一かも。

朝イチで観光客もいないし、よしっ、映える写真を撮るぞ！

実はこの騎馬像って3代目なんだって。初代は城跡の麓の公園の中に胸像だけあるの。

へー、知らなかったな。

戦争で武器を造るための金属類回収令で供出されたんだけど、戦後、胸から上の部分だけが見つかったって。

家庭の鍋釜や寺院の鐘なんかが回収されたって聞くけど、歴史的偉人の銅像までもが供出されたんだな。

レイコ　オススメの知りたい！

幼少期に天然痘を患い、右目を失明し隻眼（独眼）だったことはよく知られています。自分の肖像画、彫像には両目を入れるようにという政宗の遺言により、騎馬像も両目がカッと見開かれています。

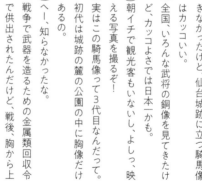

宮城が生んだ歴史的偉人といって、やはり筆頭に挙がるのが伊達政宗。１９８７年に放映された大河ドラマ『独眼竜政宗』は、今やハリウッドスターとなった渡辺謙が主役を演じ、大河ドラマ歴代最高の平均視聴率39・7％！　今だ記録は破られていない。

あと20年早く生まれれば、天下取りも夢ではなかった――「20年遅れてきた男」とも称されつつ、知恵と才覚で今の仙台の繁栄の基礎を一代で築いた。戦国武将ものの歴史ゲームでも人気だ。

１５６７年、出羽国米沢城（現・山形県米沢市）で誕生。18歳で伊達家の当主となり、勢力を拡大し、〝奥州の風雲児〟と呼ばれる。出生時には既に戦国時代も終盤で、天下に打って出ようにも、豊臣秀吉による天下統一が進んでおり、秀吉死後も徳川家康の天下を覆すことができなかった。

青葉山丘陵の仙台（青葉）城跡から城下町だった仙台市街地を見下ろす騎馬像はいかにも〝戦で活躍した勇将〟風だが、政治的手腕に優れた頭脳派の側面が強かった。当時の天下人である秀吉から一揆を扇動したという嫌疑をかけられた際には、真っ白な死装束をまとい黄金の十字架を担ぐという大胆な姿で京に現れ、巧みな弁解で追及をかわしたエピソードは有名だ。そこから「伊《だ》達《て》＝派手、オシャレ」を意味するようになったといわれる。

晩年は仙台藩の経営に力を注ぎ、今の仙台市の繁栄の基礎を築いた功績をたたえるため、没後300年の1935年、政宗の騎馬像が制作された。だが、その初代政宗像は太平洋戦争下、まさかの〝出兵〟を命じられることとなる。

日中戦争から続く戦時下、武器製造のための金属回収が行われ、1944年、戦況が悪化する中、初代政宗像を制作した宮城県柴田町出身の彫刻家、小室達の元に1通のはがきが届いた。

「伊達政宗公像には悽愴苛烈なる決戦下愈々《いよいよ》出陣せられることに相成候」

政宗像の出陣を要請するもので、出陣式では銅像にたすきがかけられ、「万歳」の声で見送られたという。

武器用に溶解され、この世から消えたと思われた政宗像だが、戦後、塩竈市内で胸から上の部分だけが発見される。歴史的偉人だけあって、顔の部分は恐れ多くて溶解できなかったのか。胸像となった政宗像は仙台市博物館に収容され、現在は仙台城跡がある青葉山の麓、青葉山公園内の仙臺《せんだい》緑彩館前に立っている。

1953年にはセメントを使って真っ白な平服姿の2代目・政宗像が制作されたが、騎馬像の復元を望む声を受け、保存されていた初代政宗像の鋳型を使い、62年、再び小室の手によって復元された。それが今の仙台城跡に立つ3代目の政宗像だ。

　青葉城資料展示館も併設する仙台城跡の騎馬像は、多くの観光客が訪れる。だが、胸像のみの初代は見物客もまばらで、胸からザックリ切られた痛々しい姿も相まって、どこか寂しげに映る。セメント製の2代目像は3代目の完成に伴って、政宗が仙台城に移る前に居城としていた岩出山城跡へ移設された。戦禍と平和のメッセージを伝える初代の胸像や2代目の平服像にも着目し、没後約400年、政宗像がたどった数奇な運命に思いをはせたい。

胸像だと両目が見開かれた顔の表情もよくわかります。
でも胸から切られた姿はちょっと痛々しい……。

仙台一極集中 〝以前〟の宮城を知る

仙台駅って平日は通勤・通学の人、週末は遊びに来る人でいっつも混んでるよね。土日は県外ナンバーの車も増えるというし、山形とか福島とかからも遊びに来る人が多いみたい。

そもそも仙台って県人口の約半分を占めてるっていうから、一極集中具合がハンパない。大概、ライバル都市があるもんだけど、まさに独り勝ちだ。

公共交通機関も基本、仙台が起点だしね。

元々は今の多賀城市に陸奥国の国府が置かれてたし、江戸時代は水運の拠点となった石巻のほうが栄えてたらしい。

政宗が青葉山に仙台城を建設し、まちづくりに力を入れたのが大きかった、と。

東日本大震災で、津波の被害に遭った沿岸エリアから仙台への人口流入が増えたのも一極集中につながったのかな。

レイコ　オススメの知りたい！

仙台は太白区の大満寺の千躰仏から「千代」と名付けられ、伊達政宗が中国・唐の時代の漢詩から「仙臺」の字を取ったとか。仙臺は「仙人が住むような素晴らしい理想の高台」の意味だそう。

これほどまでに県庁所在地に人口が集中している自治体も珍しいかもしれない。宮城県の人口約２２５万人。仙台市の人口はその約半分を占め、玄関口・仙台駅は常に大混雑！　といって同じ青葉区でも山形県境の作並温泉辺りは動物の〝人口〟も多いのだが。

実は歴史をさかのぼると、仙台の繁栄は、藩主・伊達政宗が１６００年、天然の要塞となりうる青葉山に仙台城を築城したのが起点となる。城下町の整備、新田開発、河川整備などが進められ、仙台藩62万石にまで経済発展を遂げたことが今の繁栄につながったのだ。

それ以前を振り返れば、7世紀半ば、陸奥国と呼ばれていた時代は、水運が主な交通手段だったため、現在の塩釜港に近い多賀城（現・多賀城市）に国府が置かれていた。江戸時代以降は仙台米を江戸や大坂に運ぶ千石船の出発点となった石巻港が発展。ローマ教皇への謁見を求めて支倉常長らの慶長遣欧使節団が出港したのも石巻（月浦）で、流通や外交の中心となった石巻周辺の街道もいち早く整備された。

こうした発展ぶりを見て、明治時代、政府が日本で初の本格的な近代港を整備したのが石巻湾の野蒜《のびる》。寒村だった野蒜は繁栄を遂げ、明治三大築港の一つに数えられる。だが、石巻が宮城の中心地になる計画は台風や財政難により頓挫。結局、新政府の意向により、仙台が東北の開発拠点として発展していくことになる。

これぞ原点!?
〝牛たん飲み〟にトライ

牛たんって、基本、定食ポジションだけど、牛たんをつまみに飲む〝牛たん飲み〟でウマさを再発見したかも。昔はもっと肉がかたかった印象だけど、肉質や調理法が進化してるのかな。

「牛たん料理　閣」はタタキがおいしかった。レアでやわらかくて、野菜を一緒に食べるヘルシーな感じが斬新！

そもそもウマかったテールスープを、一品料理のおじやで提供したのも新しい。土産売場に置いてある牛たんの種類も増えてた。冷凍技術の進歩かな。

元々、酒のつまみで出してた牛たん焼きを、客層を広げようと、麦飯、テールスープ、南蛮味噌漬けの定食を考案したっていうけど、原点回帰の〝牛たん飲み〟でいろんなメニューを試すのもいいね！

レイコ オススメの買いたい！

仙台で人気の精肉店といえば、「かたい信用　やわらかい肉」のキャッチフレーズで知られる「肉のいとう」。A5 ランクの仙台牛や肉厚牛たんなどが人気で、直営の焼き肉店も展開。

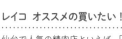

「仙台グルメの代表選手は?」。そう問われ、県外ピープルの頭に真っ先に挙がる牛たん。無論、名物といっても仙台産の牛肉を使っているわけではなく、主に使われるのはオーストラリア産やアメリカ産の牛肉。ちなみに、仙台牛は全国で唯一、肉質等級が最高の「5」に格付けされないとその呼称が許されないという、レアなブランド牛だ。

昨今は肉の輸入価格の上昇、円安などもあって、定食でも2000円超えが当たり前。地元っ子が気軽に食べる……にはやや敷居が高く、もっぱら観光客&出張者向け、あるいはヨソから客が来た時や、たまの帰省時のごちそうポジションとなっている。

とはいえ、東京から程近い立地や県外から人の往来が多い風通しの良い風土だからこそ、全国に広まったという点では、〝仙台らしい〟グルメだ。

書籍『仙台牛たん焼き物語』には、牛たん焼きが仙台名物となった経緯が綴《つづ》られる。その祖が現在も仙台市内に店を構える「味太助」の創業者、佐野啓四郎。山形県西里村(現・河北町)に生まれ、東京で料理の修業をしていた際、知り合ったコックから「フランス料理では牛たんを使う。牛の舌ほどうまいものはない」と聞き、洋食屋でタンシチューを食べ、その味に魅せられたのが契機となる。

元は喫茶店と焼き鳥屋を兼ねた店で、戦後の食糧難の時代に豚の舌や臓物も活用していたことから、日本人に合う牛たんの調理法の研究に挑戦。故郷の山形まで肉の買い出しに行き、工夫を重ねた結果、塩、こしょうで下味をつけた牛たんを寝かせ、炭火で焼く調理法を考案。１９４８年、牛たん焼きの専門店として打ち出す。

当時、牛たん焼きは酒やビールのつまみという位置づけだったが、食事のメニューとして客に出すことを考え、麦飯、テールスープ、漬物、南蛮の味噌漬けをセットで提供するスタイルを考案。「うまくて、ボリュームのある料理を安く出せ。そうすれば宣伝しなくてもお客さんは来る。どんぶりでいっぱい食べさせるんだ」という佐野の心意気から、一汁一菜に香の物という伝統的な日本食スタイルの牛たん定食が生まれる。

なじみのない肉の部位のため、当初の評判は芳しくなかったが、東北大学医学部の見習い医師たちがやってきて、「脂肪分が少ないし、高タンパク質、低カロリーで味もいい」と地元でも評判となる。

ただし、仙台名物として全国に知られるのはまだ先で、立役者となったのが１９７５年にオープンした牛たん専門店「喜助」だ。2店舗目を仙台駅前に開店したのを機に、地の利を生かそうと「仙台名物・牛たん焼き」という看板を表通りに出し、初めて「仙台名物」を打ち出す。四季を通して楽しめる名物グルメを開発したいという仙台市の思惑もあり、仙台駅ビル「エスパル」のリニューアルとともに3店舗目を出し、隆盛の時代を迎えた。

さらに「伊達の牛たん本舗」「べこ政宗」などのそれぞれ個性を持った店が登場。「伊達の牛たん本舗」がオシャレなレストラン風の店を出し、サイドメニューや酒類の提供、土産物の開発にも力を入れたことから客層が広がる。まさに各店舗が切磋琢磨しながら仙台の牛たんは揺るぎない名物となったのだ。

ここまでの知名度を築いたのは、パイオニアの佐野が試行錯誤の末、牛たん焼きのスタイルをつくり出し、料理経験もなく脱サラで開業した喜助の創業者にもイチから調理法を教え、職人を紹介するなど地元グルメの盛り上がりに貢献したことが大きい。ちょっとしたごほうびに、個性あふれる仙台の牛たん専門店を巡ってみたい。

オーソドックスな牛たん焼きに加えて、タタキやゆでたん、テールスープのおじやなどで“牛たん飲み”を満喫しました。

ホヤ料理の可能性を探る

ほや＆純米酒場「まぼ屋」では、過去イチで、ホヤを食べたなー。

キミ、クセあり系の生モノ、苦手だし、取材じゃなかったら食べてないよね。

一番おいしかったのはホヤ唐揚げかな。店でも一番人気みたい。ホヤにこだわっているだけあって、刺身も臭みがなかった。

後味にちょっと苦味がきたけど、これがホヤの特徴なのかな。まだ、ホヤ自体のウマさを吟味するまでには行きつけなかった。

地元のこだわりのホヤ好きは魚屋さんで丸ごと買って、自分でさばいて食べるらしい。ホヤの根元の部分で、「へそホヤ」って呼ばれる部位がコリコリの食感でおいしいらしいよ。

うーん、ホヤはしばらくいいかな（苦笑）。

レイコ オススメの食べたい！

生のホヤが苦手な人でも食べやすいのが、ホヤのハーフドライ珍味「ほや酔明」。このほや酔明と宮城県産米ひとめぼれをしょうゆだしで炊き込んだおにぎりも。クセが少なく、ウマいです。

「生で食べるなら、自分でさばきたての新鮮なヤツが一番！」
「ホヤを切る時は、一気に切ると中のホヤ汁が飛び出すので注意が必要」
「最初に包丁を入れる下の部分を切ると出てくる〝へそ〟が、コリッとした食感でおいしい。これを食べられるのは、さばいた人の特権」
などなど。

地元のホヤ好きからは、ホヤのさばき方からおいしい部位まで、こだわりが挙がる。無論、地元っ子でも好き嫌いが分かれるクセ強め！　気仙沼や石巻など世界三大漁場で知られる三陸沖で養殖され、生産量は全国1位。甘味と苦味、潮の香りと塩気を感じられる複雑な味わいが特徴だ。

地元Ｊリーグチーム・ベガルタ仙台のクラブマスコット「ベガッ太」の好物、気仙沼市の観光キャラクター「ホヤぼーや」のモチーフ、石巻の離島を舞台とした映画『さよならほやマン』が制作され、『ほやのマーチ』を歌うアイドル、ほやドル・萌江が活躍するなど、この地のホヤ愛は局地的に強い。

地元の「宮城ほや協議会」では、水温10℃以下に管理し、水揚げから48時間以内に消費するなどの基準をクリアした新ブランド「ほやの極み」を発信している。

ホヤ愛は国内に留まらない。実は県産の養殖ホヤは震災前年の２０１０年、生産量約９０００ｔのうち約７割を韓国に輸出していた。しかし、震災後、韓国の輸入停止で行き場を失い、大打撃を受ける。販路開拓が急がれる中、新たなファン獲得に向け、東南アジア出身の県内在住者に向けた試食会を開くなど熱烈アピール中だ。

クセがないだけあって、メニュー展開のポテンシャルは大きい。試食会では、ホヤの卵焼き、シューマイ、テリーヌ、ホヤコロッケバーガーなどが提供された。これなら〝食べず嫌い〟の人にもバッチリ刺さったはず!?

県は、２０２３年12月下旬、ディスカウント店「ドン・キホーテ」を運営するパン・パシフィック・インターナショナルホールディングスと、県産品の海外販路拡大などに関する包括連携協定を締結。世界に熱い〝ホヤ愛〟を発信していく構えだ。

見た目から「海のパイナップル」と呼ばれるホヤ
宮城は生産量日本一！
旬の夏場には鮮魚売場にフツーに並ぶ
地元っ子の間でも好き嫌いが分かれるが、自分でさばいて食べる無類のホヤ好きも！
地元のクセありホヤの可能性を探るべくいざ「まぼ屋」でホヤの〝フルコース〟(!?)に挑戦
刺身、臭みがない！
唐揚げが初心者には一番食べやすいかな
バーン
ホヤでゆで卵を巻いてる？
ほやほやほや卵
ババーン
ほやマリネ
ほや味噌チーズ焼き
ふー……
地元の人に聞いたんだけど……ホヤの根元の部分、へそホヤって部位がコリコリでおいしいらしい！
この部分にある
ゲー
いや、もう一生分食べたでしょ！

町・村が強い！そのパワーと歴史を探る

宮城県の地図を見ると、仙台市以外では、県北部には栗原市、登米市、大崎市とか大きい市があるけど、県南の仙南エリアは小さな町が多いね。

県北が平成の大合併で合併が進んだのに対して、仙南エリアは1件も合併が成功しなかったんだよね。

地域性が強い？　まとまりが悪い⁉
しかも仙南の中心とされてきた城下町・白石市や角田市とかの市より、柴田町、大河原町といった町のほうが人口が増えてるんだ。大型商業施設や行政の出先機関があるのは大河原町で、柴田町の人口は仙南で一番だし。

白石市は歴史と伝統がある分、宅地造成とか商業施設の建設とか、開発が遅れたのかな？

ヒロシ　オススメの知りたい！

平成の大合併では柴田町、村田町、大河原町間での合併話が浮上するも、「柴田市」になることなどに大河原町が反発？して、頓挫したといいます。ライバルとして切削琢磨し発展した⁉のかも。

仙台一極集中が進んだ経緯をＰ14で解説したが、もちろん「仙台＝宮城」ではない。三陸沿岸エリアや県北部を見れば、全国随一の農業・水産業県でもあり、にぎわう漁港も田園風景も広がる。都会と田舎のコントラストと調和が宮城県の魅力なのだ。

ユニークなのは、経済的に市をしのぐ強い町や村が点在していることだ。例えば、県南部、仙南地域の白石市には伊達政宗の家臣・片倉小十郎景綱が治めた白石城があり、城下町として栄えた歴史がある。角田市は宇宙航空研究開発機構（ＪＡＸＡ《ジャクサ》）の「角田宇宙センター」が位置する。だが、人口が増え、栄えているのは隣接する大河原町や柴田町だ。

両町とも近年の人口増加率で県内上位につけ、柴田町の人口は仙南圏最多だ。柴田町は税制優遇措置などにより工場誘致を先駆けて実践し、教育機関の仙台大学も誘致。国道沿いには大型ロードサイド商業施設が立ち並ぶ。隣接する大河原町は工業化の道を選ばず、宅地造成により人口が増加。行政の出先機関が集まり、南部の交通の要所として商業地区も拡大。両町とも、仙台市のベッドタウンとして人気を集めている。

ちなみに両町はかつて合併を検討し、結局、破談となった経緯がある。仲が悪い⁉……ということはなく、観光事業でタッグを組み、大河原町と柴田町の白石川の堤防沿いにおよそ１２００本の桜並木が続く「一目千本桜」を桜の名所として絶賛ＰＲ中だ。

たび活×住み活 6

仙台七夕まつりを静かにウォッチ

全国にいろんな祭りがあるけど、静かに七夕の飾りを愛でるだけの祭りって珍しい気がする。

確かに。地元の人には前夜祭の花火祭が人気みたいだけど、基本は飾りをウォッチして写真撮るだけの祭りよね。祭り当日8月6日の早朝から、少しずつ七夕飾りをアップして、にぎやかになっていく過程も趣があったな。

タクシーの運転手さんに聞いたら、商店街の各店舗が店前の飾りを担当するっていうけど、全国チェーン店だと飾りを出してないところもあって。企業姿勢がうかがえるのも興味深かった。

やっぱり地元の老舗百貨店「藤崎」前の飾りは圧巻だったかな。飾り作りを担う地元の紙製品・七夕用品の会社のプロの技はスゴい！

レイコ オススメの行きたい！

七夕まつりと5月の「仙台・青葉まつり」、1月の大崎八幡宮で行われる「松焚祭（どんと祭り）」が仙台三大まつりといわれますが、集客数では12月の「SENDAI 光のページェント」が人気です。

「夏は、思い出す七月七日、仙台の七夕まつりといえば、お国自慢の一つ」
「〜道ゆく人の顔や背に吹流しがからみつく、いたずらな男の子がそれをよいことにして挘《むし》って歩くなど、七夕の夜のおもいでは、北国のようにもない即興的なたのしいものを残しています」（『相馬愛蔵・黒光著作集5広瀬川の畔』「七夕竹」より）

「東北三大祭り」の1つに数えられ、220万人超の見物客が訪れる「仙台七夕まつり」。三大祭りの中でも熱気あふれる「青森ねぶた祭」や「秋田竿燈まつり」と比して、「静の祭り」と称される。吊るされた吹き流しをかき分けながら歩き、気に入った飾りを撮影しながら愛でるという趣向だ。

現在は、前夜祭の花火祭や仙台城跡でのナイトフェスなど、関連イベントも行われているが、元々、全国各地の七夕は、中国で7月7日（旧暦）に行われた「乞巧奠《きっこうでん》」に由来し、特に女性が裁縫や技芸の上達を願う行事だった。仙台では伊達政宗が推奨し、盛んになったと伝えられる。

よって、冒頭に紹介した仙台出身の随筆家・相馬黒光のエッセイ「七夕竹」には、「仙台には婦人経営の裁縫学校が非常に多いのですが、それらの学校や大きな仕立屋の七夕まつりの華やかさは、ただの遊びではない、技芸上達のための真剣なおまつりだという気持

があった」と綴られる。ちなみに相馬黒光は、夫の愛蔵と共に、東京で今の「新宿中村屋」（当時はパン屋）を創業した人物だ。

現在、飾りの制作は仙台市内の紙製品・七夕用品の卸売・流通を手掛ける企業が担うが、その飾りの美しさとクオリティは他エリアの七夕飾りの追随を許さない。祭り当日早朝から飾りがアップされていく様子をウォッチするのも趣がある。

「まれにあふ　こよひはいかに七夕の　そらさえはるる　あまの川かせ」

これは、当時、執り行われていた七夕行事について、伊達政宗が詠んだとされる歌だ。

地元の人にとっては、東北三大祭りを巡る観光客が多く訪れ、道路や公共交通機関の混雑も〝風物詩〟ではあるが、伊達な仙台ならではの雅な行事。２０２０年は、コロナ禍で戦後初の中止となり、21年には、見物客が吹き流しを触るのを防ぐため、飾りの長さを短くし、規模を縮小しながらも実施した。歴史ある祭りを支える人々について知り、静かに楽しみたい。

七夕飾りはアーケードの屋根に水平に設置されるほか、路面に竹を挿す七夕飾り専用の穴があり、普段は閉められている鉄製のフタには七夕模様が描かれています。

たび活×住み活 7

片倉小十郎と真田幸村の〝いい話〟を知る

片倉小十郎景綱って政宗の家臣の立場なのに、武将マニアに人気あるんだよな。

幼少時に、政宗が天然痘にかかって飛び出た眼球を戦でつかまれたら大変だと、小刀でえぐり取った……なんて説もあるほど、政宗との信頼関係が強かったのかな。

白石市で乗ったタクシーの運転手さんも、一国一城令が出された江戸時代に、特別に白石城の存続が許されたって、ちょっと誇らしげだった。

政宗が活躍できたのには、確かに片倉家の存在が大きい。

信州の武将・真田幸村とも信頼関係があって、敵ながら真田幸村の子息をかくまったという話は、今回、初めて知った。

景綱は政宗に幼少のころからずっと仕えたし、義理人情に厚い家風だったのかな。

レイコ　オススメの行きたい！

白石市の「宮城蔵王キツネ村」は、国内でも珍しいキツネ専門の飼育施設。100 頭超の放し飼いのキツネと触れ合えます。インバウンドで世界中からキツネファンが多く訪れるとか⁉

伊達政宗が東北を代表する〝知将〟となった背景には、1人の男の力が大きい。政宗の右腕といわれた家臣・片倉小十郎景綱だ。

小十郎には多くの異例のエピソードがつきまとう。その1つが家臣ながら、「国家の大器」と称賛され、天下の名将として高い評価を受けたことだ。幼い梵天丸（後の政宗）の傅役《ふやく》として仕え、武将としての指南役を果たす。2つ目が、一国一城令が発令された江戸時代にあって、政宗が築城した仙台城に加え、小十郎が城主を務める白石城の存続も許されたことだ。これは徳川家康が小十郎を高く評価し、白石の地を重要視していたのが理由とされる。小十郎は秀吉から大名になる誘いを受けるが、政宗に終生仕えるとして辞退し、家康からは江戸城下に家屋を与えられるが、後に返上した。

3つ目が、景綱の子で片倉家2代目の小十郎重長、勇猛果敢な性格から「鬼小十郎」といわれた重長と真田幸村との関係だ。徳川幕府が豊臣家を滅ぼすこととなる大坂夏の陣で徳川家と敵対した幸村。大坂城が落城し、自らの死を覚悟した幸村は、敵陣の重長を天下の武将として見込み、娘の阿梅《おうめ》を託す。幸村に義を感じた重長は阿梅を白石へと連れて帰り、幸村のその他の子女もひそかに育て、男子は家臣とし、阿梅は重長の後妻となった。

大坂夏の陣で滅びたとされてきた真田幸村の家系は、仙台真田家として続いた。

仙台が生んだ冷し中華とハンバーガーにトライ

わー、予想以上に行列ができてるね、「龍亭」。七夕まつりの日だし……。

もっと早く来るべきだった！

帰りの新幹線の時間に、間に合うかしら……。ようやく入店！

急いでオーダーして……来た！（ズルッ）うん、この冷し中華、オレが苦手な酢の酸味が強すぎなくて、おいしい！

麺もコシがあってタレとよくからむね。麺と具が別皿で提供されるのもオシャレでいい。ここが元祖なんだよね。

中国料理の売上が落ちる暑い夏対策と、仙台七夕まつりが重なる時期に、観光客を呼び込むために開発されたっていわれてる。

暑い時にはバッチリだねー。

レイコ オススメの食べたい！

宮城らしいもう１つの冷し中華が、名産のホヤがドーンと載った「海鞘《ホヤ》冷やし中華」。小さな店が並ぶ小路「壱弐参《いろは》横丁」の「笹屋」でホヤが旬の夏に提供。見た目も迫力アリ！

食通であり、〝料理男子〟だった——伊達政宗についてはそんな逸話が残る。
「馳走とは旬の品をさり気なく出し、主人自ら調理して、もてなす事である」——この言葉は、晩年の政宗の逸話を集めた『命期集』に記されているものだ。

それに倣うなら、暑い夏にピッタリの料理が生み出されたのも食通・政宗のＤＮＡが引き継がれたものか。

当時でいう涼拌麺《りゃんばんめん》、今の冷し中華の元祖を生み出したとされるのが、仙台の中国料理店「龍亭」。冷房もない時代、油っこく熱いイメージの中華料理が敬遠される夏場の売上対策として、冷たい麺料理を開発。１９３７年、先駆けて、涼拌麺を提供したという記録が残る（現在は通年メニュー）。

東京・神田神保町の「揚子江菜館」が冷し中華の元祖という説もあるが、この夏の麺料理を家庭の食卓でポピュラーにした存在は間違いなく仙台にある。中華料理の「涼拌麺」を、家庭用の冷し中華として開発・製造販売した「だい久製麺」だ。

「元祖だい久 冷し中華」の商標で１９６０年に販売をスタート。包装後に蒸気処理した生麺と液状のタレがセットになった商品で、冷たくても固まらない液体スープ付きのお手軽さが人気を呼び、宮城県下に一躍ブームを巻き起こす。創業者が「冷やし中華」の商標をフリーにした心意気もいい。

伊達なお土地柄か、日本マクドナルドが東京・銀座に店を開く1971年に先駆け、50年、日本最古といわれるハンバーガー店「ほそやのサンド」が誕生したのも仙台だ。戦後、山形の東根にあった米軍キャンプで下士官クラブのマネージャーとして働いていた創業者が、作り方を学んだサンドイッチやハンバーガーを出す店を開いたのが始まりだ。当時の日本ではまだサンドイッチは珍しく、苦戦するも、近隣の大学の外国人の先生や新しいもの好きの新聞記者などが通い、広まっていく。このプロセスは牛たん焼きが広まっていくストーリーと重なる。日本初ではないが、東日本で回転寿司が初登場したのもここ、仙台。現在の平禄寿司（ジー・テイスト）だ。

県外から人が多く訪れ、新しいモノに抵抗のない土地柄ゆえか。いい意味でのミーハーな気質が根付く仙台ならではの発祥ストーリーだ。

「龍亭」の冷し中華のタレは醤油だれと胡麻だれがあり、どちらもウマい！　「ほそや」のハンバーガーは見た目はシンプルですが、ハンバーグの肉の味がしっかり。バンズのかたさもいい感じでした。

たび活×住み活 9

三陸で活躍する BRTパワーを体感

今回もいろんな鉄道、バスを駆使して県内を巡ったけど、印象的だったのは気仙沼線のBRTかな。バスと電車のいいとこ取りな感じだった。

被災した気仙沼線の線路敷を利用した専用道を走るって画期的。当初は仮復旧策だったけど、渋滞とか信号待ちもなく、運行状況も駅構内の電光掲示のシステムでわかるのが便利。

車窓から復興工事をしている現場や、高い防潮堤がそびえる場所、防潮堤がない場所などが見えて、復興の進捗や地域性がわかるのも興味深かった。

まちづくりに合わせて一般道と専用道を組み合わせて経由地を変えたり、駅を増やしたりできるのもいい。

赤字ローカル線の問題解決にも活用できそう。

ヒロシ　オススメの行きたい！

県北の鉄道の要が小牛田駅で東北本線、 石巻線、 陸羽東線、気仙沼線の一部が乗り入れます。 JR の 4つの在来線が乗り入れるのは、 仙台駅以外では県内で唯一です。

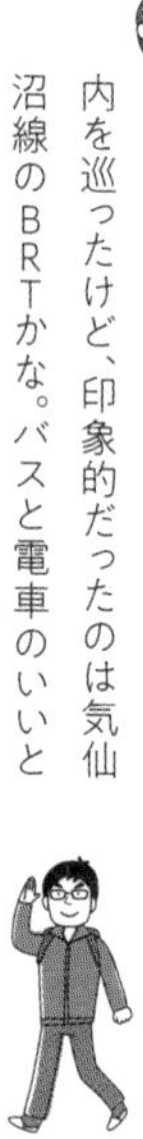

公共交通機関で南三陸町や気仙沼市に行く際に活躍するのがＢＲＴ。「Bus・Rapid・Transit（バス・ラピッド・トランジット）」の略で、バス専用道やバスレーンなどを使用することで、定時で目的地に到着し、輸送力を増大できるバス高速輸送システムのことを指す。宮城の沿岸部では、元々、電車の気仙沼線が走っていたが、東日本大震災で海岸沿いの同線は甚大な被害を受け、主に高校生たちの通学の足として早急な復旧が望まれた。安全性を担保し、新たなまちづくりのプランを踏まえつつ、線路を敷き直すには相当の時間とコストがかかる。そこで、ＪＲ東日本が打ち出したのが、鉄道ができるまでの仮復旧策であるＢＲＴの供用開始だった。

気仙沼線は震災翌年の２０１２年からスタート。復興の進捗を見つつ、運行ルートを変えながらまちづくりを支援。その後、各自治体の了承を得て、本復旧として今のＢＲＴの活躍がある。現在、気仙沼線の北部、岩手県を走る大船戸線も合わせると、専用道の割合は約４割。町役場や病院など地元密着の施設ができると、新しい駅を造り、専用道と一般道を行ったり来たりして融通を利かせて運行。バス運転手の不足もあって、自動運転システムの研究・開発も進められている。自然災害が多く、赤字ローカル線の問題も山積みの日本にあって、新たな交通システムを採用した気仙沼線のあり方は参考になりそうだ。

はらこ飯に宮城の秋を感じる

宮城の秋のグルメといえば、はらこ飯。あすと長町の「漁亭浜や」、はらこ飯目当てのお客さんで行列だ。みんな、どんだけはらこ飯ラブなのよ！

早めに受付しておいて良かった。

はらこ飯、来たよ……サケといくらが優しい味わいだね。サケの煮汁で炊き込んだご飯とのバランスがいい。

味が濃すぎなくて、サケの本来の味わいがくるね。亘理町の名物なのに、亘理町で食べられる店が少ないのは残念だったけど。

地元の人の中には、自分でサケのはらこ（いくら）のしょうゆ漬けをつくる人もいるらしいよ。

やっぱり、超はらこ好き!?

秋サケ不漁も深刻らしいけど、伊達政宗も愛した秋の名物。存続希望！

レイコ　オススメの食べたい！

はらこ飯が秋の味ならば、亘理町の冬から早春のグルメが「ホッキ飯」。ホッキ貝の身や内臓を煮込んだ煮汁でご飯を炊き、身を盛りつけた丼。亘理町のホッキ貝は濃厚な味わいが特徴です。

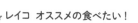

「宮城の秋といえば、コレ！」と、待ちわびる地元のファンも多い！

宮城名産の秋サケ（白サケ）を使った亘理町荒浜地区発祥の郷土料理「はらこ飯」。秋に旬を迎えるサケとイクラを、サケの煮汁で炊き込んだご飯の上にかけて食べるソウルフード。伊達政宗が荒浜の運河工事を視察した際、領民から献上されたことで知られる。「はらこ」とは、サケの腹にいる子「腹子」から命名。阿武隈川にサケが上ってくる、サケ漁の解禁月の10月に合わせて提供。これも政宗が重視する〝旬の料理〟だ。

近年では記録的なサケの不漁が問題に。かつて秋サケの水揚げ量で全国1位だった宮城では、最も多く獲れた２０１３年から大幅に減少。代わりに北海道産のサケを使う店もあるが、仕入れ価格が高く、水揚げの終了も早まったことで、早期に提供を終了するケースが増えている。提供価格を上げざるをえないのも悩ましい。

県内水揚げ量1位の南三陸町を始め、気仙沼、石巻などでは、川に戻ってきたサケを捕獲し、稚魚に育て放流する取り組みを十数年前から行ってきたが、川で獲る採卵用のサケが不漁なため、漁の好循環の維持が難しいところだ。

ひと昔前であれば手ごろなおかずだったサケも高級魚に……。

政宗も愛したというはらこ飯。カムバック・サーモン！　存続を祈る！

生産量日本一。ギンザケ養殖の背景を知る

サケ料理専門店の「銀結び」、サケ専門の店っていうから、もっとシブい店かと思ったら、若い人向けっぽい小箱の店で、店員さんもお客も断然若い人ばかりだ。場違い感が……（笑）。

若者とか子どももサーモンって好きだもんね。回転寿司で生も食べ慣れてるだろうし。我々、店内最年長（笑）。

サケもいろいろあるけど、養殖のギンザケは宮城が生産量1位って今回、初めて知った。生で食べられる養殖のサケが増えてるんだね。

「銀結び」が使ってるサケのブランドが「銀王」だっけ。

サケ養殖のパイオニアが手掛けたブランドサケらしいよ。

養殖技術も進化してるんだね。

レイコ　オススメの知りたい！

ギンザケは気仙沼市「ふるさと納税」の返礼品でも人気。2022年末にギンザケやサーモンの刺身などを追加したところ申し込みが倍増。寄付総額が全国でもトップ10に入る実績を達成しました！

不漁の秋サケの救世主となりうるのか！

国内で流通するギンザケ（大半は養殖で天然モノは希少）の約90％が宮城県内で養殖され、生産量日本一！　県内各地で様々なサケのご当地ブランドが誕生している。「銀乃すけ」「伊達のぎん」、生食オススメの「銀王」、同じく生食にこだわった「みやぎサーモン」などで、養殖ギンザケのパイオニアの地が南三陸町志津川地区。１９７５年に試験養殖が始まり、三陸沿岸部特有の地形であるリアス海岸、養殖に適した海水温と豊かな山が育む栄養価の高い海がギンザケの養殖に適しており、2年を経て世界で初めて養殖技術を確立。その立役者が「銀王」を生んだ水産会社のマルキン（女川町）だ。

その後、県内沿岸部に技術が広がり、商業化も進行。秋冬の魚だったサケを春夏に新鮮な状態で出荷できるようになり、築地市場などでも高値がつくようになる。

マルキンは明治時代、カキの養殖からスタートし、「サケは生で食べられない」という従来の常識を覆した。仙台市で人気の鮭料理専門店「宮城ゴチ酒場 銀結び」などで食べられる。活け締め、神経締めと呼ばれる鮮度維持により新鮮な状態で、生で食べられる生食用のサケ「みやぎサーモン」は、全国チェーンの回転寿司などでも提供している。

水産業界の救世主となりうる養殖技術の進化にも期待したい。

初売りに熱い！
仙台買い物事情を探る

地方の百貨店がどんどん閉店している中で、仙台市内中心部に2店舗、百貨店が生き残っているのは珍しいな。

特に藤崎は地元発祥の老舗だし。

仙台駅前のアーケード街もにぎわってたけど、今、熱いのは副都心に位置づけられる「あすと長町」かな。

「イケア」もあるしね。

仙台駅西口前の元さくら野百貨店は？

ドンキ（ドン・キホーテ）の運営会社が再開発に乗り出して、商業施設とかホテルが入るって。

ずっと空きビル状態だったもんな。

藩政時代から仙台を支えてきた仙台商人が心意気を見せる伝統行事の〝初売り〟も、コロナ禍を経て見事に復活したしね。古き伝統ある個店も大事にしながら、仙台らしい再開発の進展に期待！

レイコ オススメの行きたい！

2023年8月、東北初出店で仙台駅東口にオープンした激安スーパー「ロピア仙台ヨドバシ店」。週末は今も大行列です。西口がメインだった人の流れを変えるゲームチェンジャー的存在に！

仙台駅西口から続くペデストリアンデッキの先に広がるアーケード街。上から見た形状と東北一を誇るにぎわいから、「黄金のT字」という異名を持つ。

仙台藩政時代から、400年以上にわたる歴史と伝統を持つ商人の町・大町に由来する「マーブルロードおおまち」、「御名懸組《おなかけぐみ》」の屋敷があった侍町に由来する「ハピナ名掛丁商店街」など、古くからこの街を支えてきた歴史を持つ。

そんな仙台商業界が誇る正月行事が「仙台初売り」。「初売りなんて、全国どこでもやってるでしょ?」。いやいや、仙台初売りは歴史から違う! 藩政時代の書物に既に記述があるほどの歴史ある商習慣に基づく伝統行事であり、国内最大規模を誇る。特に名物が、地元老舗のお茶専門店「お茶の井ヶ田」の初売りで午前7時から販売される「ご祝儀茶箱」。お茶はもちろん菓子、電化製品などが詰められた日本一豪華な茶箱だ。

こうした豪華賞品や特典をつける販売法は、かつて景品表示法で商品価格の10%(現行法では20%)と上限が決められていたのが、仙台では特例で正月、旧仙台藩地域に限り20%まで認められていた。公正取引委員会お墨付きの特別な行事だったのだ。2024年1月、地下鉄泉中央駅の「アリオ仙台泉」が業績不振で閉店。一方、「あすと長町」には商業施設が続々と誕生するなど〝戦国時代〟の仙台商業界。今後の変化も要チェックだ!

たび活×住み活 13

魚でやるなら〝宮城の酒〟だっちゃ

宮城の日本酒って、どれ飲んでも外れがなくておいしいんだよねー。特に魚に合う日本酒が多い。辛口の「日高見《ひたかみ》」とか「乾坤一《けんこんいち》」とか。

一ノ蔵とか浦霞とか、全国的に知られてる酒もあるけど、日高見は今の社長が蔵に入ってから約10年くらいでやっと世に出て認められたって、テレビ番組でやってたね。

苦労を重ねて、今やいろんな賞の〝常連酒〟に成長したのはスゴい。

「宮城峡」ってウイスキーもあるな。ニッカウヰスキーを造ったマッサン（竹鶴政孝）が北海道余市に次いで仙台に蒸留所を設立したんだよね。

水や自然環境がいいのかな。まちおこしで秋保《あきう》温泉エリアとか、南三陸町にもワイナリーができて人気らしい。

レイコ　オススメの行きたい！

秋保温泉には、2024年1月、アメリカで人気のクラフトビール「グレートデーンブリューイング」の醸造所が日本初進出。レストランでは金華さばや蔵王チーズを使った地元グルメも提供しています。

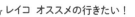

土地の肴《さかな》には土地の酒——自然・食材に恵まれた宮城は日本酒の製造技術と品質を競う品評会や鑑評会で〝受賞常連酒〟の実力派ぞろい。蔵の数は25と多いわけではないが、「みやぎ・純米酒の県」を提唱し、純米酒・食中酒（食事に合う酒）をキーワードにテロワールを意識した日本酒を提供している。

その１つが「魚でやるなら日高見だっちゃ」をうたう、平孝酒造（石巻市）の「日高見」。酒の名は宮城県を含む東北地方が、古代に日本の起源との説もある「日高見国《ひたかみのくに》」（高い太陽を見る国）と呼ばれていたことに由来。日本酒好きの支持も高く、全国新酒鑑評会では、２０２３年で17回目の金賞を受賞している。だが、現在の5代目取締役社長が入社した際には廃業寸前だった。そこから、約10年を経て日高見を世に出し、酒質を向上させ、全国区の酒へと浮上。白身魚や甲殻類などの甘味や赤身魚のうま味、酸味に合う切れ味とふくよかさのバランスが特徴だ。

男山本店（気仙沼市）の「蒼天伝《そうてんでん》」は気仙沼の青い海と空をイメージし、気仙沼で獲れるカツオやサンマなどの青魚に合う酒として開発。東日本大震災で津波の被害に遭うも、酒蔵は１８９６年の大津波の教訓を活かし、高台に建てており、奇跡的に残ったもろみで酒造りを実施。全国から大きな反響が寄せられ、人気上昇。品評会でも受賞を重ねている。

宮城の酒蔵を紹介する書籍『会いに行ける酒蔵ツーリズム　仙台・宮城』で、ベンチャー酒蔵の先駆けとして紹介されるのが、塩竈市の「一の蔵」だ。

大手酒造メーカーが安い酒の生産をスタートし、小さな酒蔵の経営が苦しくなる中、4社の酒蔵が手を組んで創業。「一ノ蔵の一は、オンリーワンのワンだ」とし、当時の品質を無視した日本酒の級別制度に疑問を呈し、「一ノ蔵無鑑査本醸造」を発売する。酒の鑑定を「飲む客に託す」というコンセプトが話題となり、地酒ブームも追い風に全国にその名を知られる。今や一般的となった発泡清酒を初めて世に出したのも一ノ蔵だ。

大崎市の新澤醸造店の「伯楽星」も、古代中国を生きた、馬を見分ける名人・伯楽にちなみ、飲む人に品質を見抜いてほしいという思いが込められている。チャレンジングな取り組みで知られる同社は、能登半島地震に際して現地に駆けつけ、能登町の老舗・数馬酒造の津波に襲われた蔵からもろみを救出し、代わりに酒造りを担った。

宮城での酒造りは、1608年、伊達政宗が仙台藩御用酒屋をつくったことに端を発す。1688年に創業し、宮城県で現存する唯一の伊達家御用蔵が仙台市の勝山酒造。由緒正しき同社は、原材料からこだわり抜き、高価格帯の酒をラインアップ。ハイエンド層にターゲットを絞り、年間売上の約15％を海外輸出が占め、米国・ニューヨークの高級和食店の多くに看板商品の「勝山」が置いてあるという。

ササニシキや美山錦、蔵の華といった地元の米を使った酒が多いのも特徴で、宮城の酒を応援する「日本酒サポーターズ倶楽部・宮城」は累計4500人超のサポーターを擁す。

地元愛あふれる宮城の酒は、これまた熱意あふれるファンに支えられている。

気仙沼市の港近くの「男山本店」と気仙沼の青い海と空をイメージしたという「蒼天伝」。「日高見」は大好きでいろんなところで飲みました。

“定義さん”の揚げたて油揚げを食べる

定義《じょうぎ》とうふ店がある定義に着いたー！

仙台駅からバスで1時間超かかったね。かなりの行列って聞いてたけど、朝イチで来たから、さすがに客が少ない。よし、揚げたてを食べるぞー。

予想以上にデカい！　でも、食べてみると油っぽさもなくて軽い！　しょうゆとにんにく七味をかけると、メチャ合うね。

仙台市内の居酒屋とかでもメニューにあったけど、やっぱり揚げたては違うな。油揚げの概念が変わった。

マツコ（・デラックス）とサンド（ウィッチマン）が宮城を巡るテレビ番組でも紹介されてたけど、経営しているのは、地元で有名な演歌歌手の実家なんだよね。

クセ強の……（笑）。店舗隣にある実家も立派だった……油揚げ御殿か!?

（笑）。一度は食べる価値あり！

ヒロシ オススメの食べたい！

「定義山」と紹介されることがありますが、山の名前ではなく、定義如来西方寺の愛称の定義「さん」とひらがなで書くのが正しいとか。食べた後に胃もたれしない唯一無二の油揚げ！

たかが油揚げ、されど油揚げ。地元出身の人気お笑い芸人・サンドウィッチマンが絶賛し、メディアでも頻出。仙台市内の居酒屋のメニューなどでも提供されているものの、「やはり揚げたてが一番」とわざわざ食べに行く地元っ子は多い。

定義とうふ店の「三角定義あぶらあげ」だ。同店は、親しみを込めて〝定義さん〟と愛称で呼ばれる定義如来西方寺への精進料理用の豆腐を製造するため、１８９０年に創業。参拝客にも油揚げの販売を開始したところ人気となり、今や１日１万枚が売れる日も！

その特徴は厚さ約３㎝、手のひらサイズのボリューム感。最初に１２０℃の油で豆腐に火が通るまで揚げた後、１９０℃の高温の油で再度揚げる。平均25分間、２度揚げし、外はカリッ、中はふんわり。食べる際には用意されているしょうゆと七味、あるいはにんにく七味をかける。揚げたての食感は唯一無二。１枚１５０円とお財布にも優しい。

定義如来西方寺は、縁結びや子授け・安産にご利益があるといわれ、参拝者も多い。ちなみに定義とうふ店は仙台では有名な歌姫・庄司恵子（バリバリの仙台弁がトレードマーク）の実家で、店舗の隣には立派な庄司家の家屋もある。仙台駅からバスで行くと、片道１１６０円と、油揚げより高くつく……それでも一度は行きたい。車ならば作並温泉や秋保温泉に行きがてら、一緒に訪問するのもいい。

金華さばの天然or養殖の謎を探る

金華さばが名物っていう仙台の小料理屋さんで、刺身も焼きもおいしかったけど、軽〜い調子で「養殖です」って言われて「エッ!」ってなったよね。

で、別の寿司屋で金華さばを頼んで、「養殖ですか」って聞いたら、「養殖のわけがないでしょ」って苦笑しながら若干キレられたという(笑)。

よく考えたら、塩竈の名店「すし哲」だったしね(笑)。職人さんがいい人で金華さばの定義を丁寧に教えてくれて良かった。

後で調べてみたら、養殖じゃなくて、「養畜」っていうのはあった。仙台の居酒屋のサバはコレだったのかな。

金華さばの本場・石巻の居酒屋の御主人も、「金華さばが獲れなくなってる」って言ってた。不漁なのは事実みたい。サケと同様、カムバック・サバ!

レイコ オススメの知りたい!

石巻市北端の十三浜地区では、震災の被害を経て復活した三陸の名産「十三浜ワカメ」が異常高水温の影響で収穫量が減少。住民と一体となって名産のワカメを守る活動が行われています。

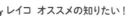

漁獲種の多い優良な漁場〝世界三大漁場〟に、わが国で唯一挙げられる三陸・金華山沖。寒流の親潮と暖流の黒潮がぶつかり、リアス海岸や多くの島々が点在するこの辺りは魚が生息するのに絶好の場所で、間近に迫る山からミネラルをたっぷり含んだ水が海へ流れ込み、魚のエサとなる植物プランクトンが多く発生するのが理由だ。

三陸・金華山沖にある石巻魚市場は豊富な種類の魚介類が水揚げされることで知られるが、中でも金華山沖で漁獲され、石巻港で旬の秋に水揚げされた大型のマサバを指すブランドサバが金華さば。通常のマサバよりサイズが大きく、脂乗りが良く、うま味も強いため、全国的に人気を博している。

しかし、海水温の上昇や黒潮の蛇行などで、金華さばに認定される大型のマサバは漁獲量が減少。２０２３年は12月の旬のシーズンに入っても、水揚げがないという異常事態が発生した。復興のけん引役にもなった金華さばの缶詰も「作りたいけど、作れない」状況だという。海外で需要がある成長途中の幼魚のサバを獲り、輸出に回す動きも出ている。

一方で新しい動きとして注目されているのが蓄養のサバだ。蓄養とは、天然の海から幼魚を採取し、成魚まで育てるもの。石巻市のミノリフーズでは「金華育ちの霜降り鯖」というブランド名で販売している。

修行の地。松島の意外な歴史を知る

松島って景色がキレイな場所というイメージだけだったけど、テレビ番組の『ブラタモリ』を見るまで、全国から僧侶や巡礼者たちが集まる修行場だったとは知らなかった。

この雄島がそうなんだよね。

岩窟とか仏像、供養塔が点在してるね。パワースポットっぽい。

修行場で死者供養の霊場だったって。番組内で地面から人の骨?が見つかったという流れは、「エッ、今!?」ってちょっと驚いたけれど(苦笑)。

22年間、雄島で法華経を唱え続けた修験者や僧がいて、彼らに憧れ、つながることができる極楽浄土として弟子志願者が多くやってきた。この場所で何を思って海を見ていたのか……。

ヒロシ オススメの知りたい!

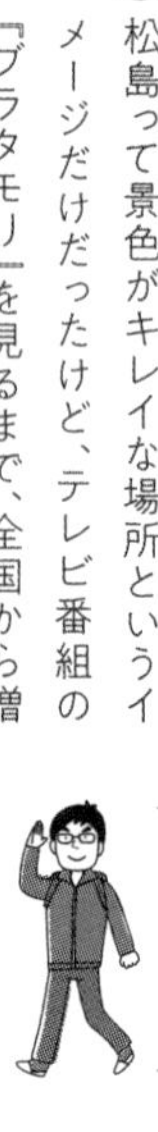

松島は「東北ヨット発祥の地」でもあります。1952年に宮城で国体が開催された際に、県営の「松島ヨットハーバー」が造られ、現在も宮城県のヨット競技大会などが開かれています。

日本三景に数えられる松島。伊達家の菩提寺である瑞巌寺、政宗が再建した松島の象徴・五大堂など見どころが多く、遊覧船に乗って、松島湾内外に点在する２６０余りの島々が織りなす〝多島美〟を満喫するのもいい。

風光明媚な地にあって、意外な歴史も根付く。陸地から歩いて渡れる数少ない島の１つ、雄島に足を踏み入れると、多くの岩窟の中に石碑や仏像、石塔などが安置されている。ここは全国から僧侶や巡礼者たちが足を運ぶ修行場であり、死者供養の霊場でもあったのだ。

そもそも雄島は松島の地名発祥の地とされ、由来は見仏上人という高僧にある。見仏上人は雄島で12年間、一歩も島外に出ずに修行を続けた。その功績をたたえ、鳥羽天皇から１０００本の松の苗木を贈られたことから「千松島」と呼ばれ、この一帯を松島と呼ぶようになる。

さらに島内にある六角形の鞘堂に納められている「頼賢の碑」に奉られる頼賢は、雄島で22年間、一歩も島を出ることなく法華経を唱え、見仏上人の再来とたたえられた。諸国から僧侶や巡礼者たちが集まる動きは、最初は身分の高い者から、次第に庶民へと広がり、修験者たちは、見仏上人やその再来といわれた頼賢と縁を結び、景勝地・松島のかなたに浄土の世界を思い描いたという。瑞巌寺に併設された瑞巌寺宝物館では、雄島の霊場の歴史をたどることができる。

たび活×住み活 17

松尾芭蕉の「松島」の句の謎を探る

日本三景の松島に来たからには、ベストショットを狙おう。まずは日の出から！

少しずつ日が出てきたね。この赤い福浦橋を入れたショットがキレイかも。

うん、橋越しの日の出がいいな。「西行戻しの松公園」っていう高台の展望台があって、松島湾の島々がキレイに見えるらしい。帰る前に寄ってみよう！

（道中）

ねえ、この道で合ってるのかな。すごい坂道だけど。

地図上だと20分ぐらいで着くはずなんだけど、坂が急すぎて……。

帰りの電車に間に合うかな。

……あきらめよう。残念。これぞ「松島やああ松島や松島や」だな……。

……もはや嘆きの句だし、芭蕉が詠んだ句ってのも作り話だし……。

ヒロシ　オススメの知りたい！

「西行戻しの松公園」は、西行法師が諸国行脚の折に、松の大木の下で出会った童子と禅問答をして敗れ、松島行きをあきらめたことに由来。春は桜と松島湾の絶景が楽しめます。

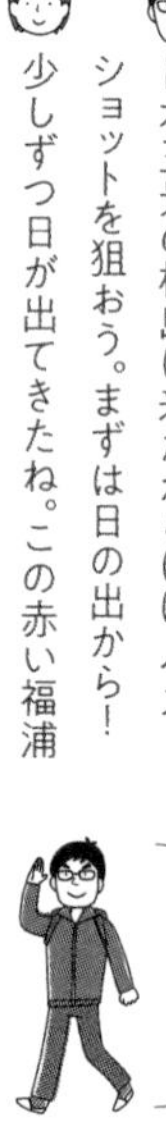

「松島や鶴に身をかれほとゝぎす」
「朝よさを誰まつしまぞ片心」

松島の雄島には、2つの句を刻んだ碑が並ぶ。

前者は『おくのほそ道』の旅路で、松尾芭蕉に同行した弟子の河合曽良、後者は芭蕉自身の句とされる。

弟子・曽良の句は「ホトトギスよ、松島の絶景にふさわしい鶴の身を借り鳴いてくれ」を意味し、松と鶴のめでたさも感じられる一句となっている。師・芭蕉の句は、自身が旅に出る前に詠んだもので、「こんなに松島に心ひかれるのは誰かが待っているのか。自分の片思いか」といった意味で、恋い焦がれていたゆえに感無量となり、この地で句を作ることができなかったという。

『おくのほそ道』の中でも、芭蕉は「自然をつくり給う神のはたらきのみごとさを、人間の誰が絵画や詩文に十分に表現できよう、とてもできるものではない」（現代語訳）と文章で松島の景観のすばらしさについて綴る。先の曽良の句は掲載するも、芭蕉自身は「私は、このすばらしい景色に向っては句を案ずるどころではなく、句作をあきらめて眠ろうとするのだが、といって眠るに眠れない」（同）と記している。

これを本意と取るか、「黙ることで対象の存在感を際立たせた技巧」、あるいは「実は期待したほどの景勝地ではなかった」といった解釈もある。そもそも、三重の伊賀出身の芭蕉には「忍者だった」という説もあり、仙台藩の偵察が目的だったともいわれる。

出発前に詠んだように松島に憧れていたのに、句を作らなかったことから、「松島やぁあ松島や松島や」と芭蕉が詠んだという通説もある。「圧倒的な美しさに嘆息するばかり」を意味する句だが、実際は江戸後期の狂言師が「松嶋やさてまつしまや松嶋や」と詠んだ句が、いつしか言葉が変化し、世に流布したという。

「島々や千々に砕けて夏の海」（散在する島々。眼前に広がる夏の海に、美しく砕け散っているようだという意味。『蕉翁句集』）

これは、『おくのほそ道』には採用しなかったが、芭蕉が松島を詠んだ句だ。

芭蕉の真意は定かではないが、松島の景色の美しさと荘厳さは昔も今も変わらない。

日本三景の1つ、松島でベストショットを狙う
まずは恒例の日の出
よし、今回もベストショットを！
福浦橋を入れた角度が一番いいかも
うん バッチリ！
「西行戻しの松公園」っていう高台の展望台があって、松島湾の島々がキレイに見えるらしい 帰る前に行ってみよう！
〝多島美〟撮るぞー！
ねェ…
この道でいいのかな…すごい坂道だけど
地図上だと20分位で着くはずなんだけど 坂が急すぎて……
帰りの電車の時間の都合で結局ギブアップ！
「松島やああ松島や松島や」だな……
カタン
ゴトン
……もはや、嘆きの句だし、芭蕉が詠んだ句って作り話だし……

根強い人気の“芋煮会”を知る

仙台の秋の風物詩といえば、芋煮会！

芋煮って、山形で食べなかったっけ？
山形の郷土料理じゃないの？

仙台にもあるの。秋が収穫シーズンの里芋をメインにした煮物を屋外で作って食べる行事で、山形はしょうゆ味で牛肉、仙台は味噌味で豚肉、とスタイルが違うの。

仙台風は、豚汁じゃん。

それを言ったらオシマイ……。最近は手ぶらプランを利用するのが主流で、秋保温泉とか、温泉付きツアーも人気らしいよ。

それはもはや宴会……。

花見同様、ただ飲みたいだけの口実だったり……（笑）。

レイコ オススメの行きたい！

山形では「日本一の芋煮会」を開催。日本一の巨大鍋「鍋太郎」（直径6.5m、重さ4t）を使い、10tクレーン車で作業し、約3万食分を調理。宮城人曰く、山形は食のPRが上手、らしい。

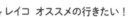

春の花見、夏のバーベキューのごとく、秋の季節行事としてこの地に定着している芋煮会。同じく芋煮会に熱いお隣の山形の「しょうゆ味＋牛肉」スタイルと、仙台の「味噌味＋豚肉」スタイルと、「どっちが好き?」といった論争がくり広げられるのも、秋の風物詩だ（こだわりが強いのは山形で、鷹揚《おうよう》な仙台はそれほど固執していない……ようだ）。

10月ごろに東北で収穫時期を迎える里芋をメインとした煮物を作り、仲間と一緒に食べて飲んで、談笑する行事で、元々は収穫祭のような位置づけだったとか。地域おこしにつなげるべく「日本一の芋煮会フェスティバル」（クレーン車が出動！）を開催する鼻息荒い山形と比べ、宮城・仙台は身内の親睦を深めるほんわか行事としての意味合いが強い。

昨今は具材や鍋などひとそろいで準備してくれる〝手ぶらセット〟が人気で、元祖的なスポットである広瀬川河川敷のほか、秋保温泉などで温泉付きプラン、仙台駅至近の仙台朝市直結の「東四芋煮ガーデン」（夏場はビアガーデン）、仙台市民おなじみの遊園地「八木山ベニーランド」でも芋煮プランを提供するなど、お手軽芋煮会の選択肢がそろう。

さらにいえば、宮城（仙台）スタイル、山形スタイルのどちらもプラン・メニューにラインアップしているケースも多く、両方頼めば、「仙台風って豚汁じゃん！」「山形風はただのすき焼き！」などとムダにもめることなく、平和に芋煮を満喫できる。

塩竈の「ひがしもの」と本マグロを食べ比べ

マグロっていうと大間とか三崎の名産のイメージだったけど、塩釜港が生の本マグロで水揚げ量日本一って初めて知った。しかも過去一番にウマかった。

「ひがしもの」っていうメバチマグロのブランドも初めて知ったよね。塩竈の名店「すし哲」の仙台駅構内の店で「ひがしもの」と「本マグロ」を食べ比べしたのは貴重だった。

やっぱりうま味の強さでは本マグロだったね。

トロだと「ひがしもの」もちょうどいい脂の乗り具合で、値段的にも手ごろだよね。

日本人ってマグロ好きだけど、塩竈のマグロはもっと全国に知られていい！

（熱弁……）

ヒロシ　オススメの行きたい！

塩竈のマグロを手軽に食べるなら、「廻鮮寿司塩釜港」がオススメ。経営者は東北楽天ゴールデンイーグルスの元社長。現会長から経営を引き継ぎ、塩竈ブランドを広めるべく奮闘しています!

宮城県はマグロ類の水揚げ量で静岡に次ぐ全国2位。その中でも生の本マグロ（クロマグロ）やメバチマグロの水揚げ量日本一を誇るのが塩釜漁港。塩竈市は人口当たりの寿司屋店舗数日本一の「寿司の街」でもある。

特に塩竈が打ち出すのが、9～12月限定で塩竈市魚市場の仲買人が厳選・選定する「三陸塩竈ひがしもの」。三陸東沖からやってくるメバチマグロという定義から命名され、秋になると脂が乗り、赤身でもやわらかくてジューシーな肉質となる。本マグロに負けない甘味と色の鮮やかさが評価され、人気だ。

「ひがしもの」選定の条件は大きく4つ。1つ目が三陸東沖漁場でマグロはえ縄船によって漁獲されていること。2つ目が塩竈市魚市場で9～12月に水揚げされたものであること。3つ目が天然モノで冷凍保存をしない生であること。4つ目が重要で、マグロの目利き人（仲買人）によって厳選され、鮮度、色つや、脂乗り、うま味を兼ね備えていること。塩釜漁港で水揚げされるメバチマグロのうち、「ひがしもの」に選定されるのは1割程度だという。

優れた漁港が多くある宮城にあって、塩釜港にマグロが多く水揚げされる理由は、優れた目利き人を多く擁していることと、仙台市という大都市に近い好立地が挙げられる。

もちろん、本マグロやインドマグロ（ミナミマグロ）もおいしいが、値段が手ごろなのはうれしい。

ちなみに市の名前である塩竈は海水を煮て塩を作るかまど（竈）を指し、海に面している同市も〝竈のある場所〟としてそのまま地名になった。

ご当地の陸奥国一之宮（陸奥国で最も社格が高い神社）である鹽竈《しおがま》神社の社号にも地名の由来があるとされ、神社の名前にちなんで塩「釜」ではなく、正式には「竈」を用いる。書き方が難しいことから、塩竈市のホームページには、竈の書き順の解説が載っている。簡単な「釜」でも問題ないが、サラリと書ければ、自慢できる⁉

鹽竈神社は奥州藤原氏や伊達政宗などの仙台藩主からの信仰を集めた由緒ある神社で、本殿などが国の重要文化財に指定されている。鹽竈神社の御神輿を奉安した御座船が松島湾を巡行する「塩竈みなと祭」は、市最大の祭りとして知られる。

鹽竈神社には表参道、七曲坂、東参道と3つの参道があり、距離で一番近いのは男坂とも呼ばれる202段の急な石段を上る表参道。ただし、かなりキツい！

アクセスしやすいのは、緩やかな石畳の坂が続く東参道だが、一度は男坂にチャレンジしたい。

仙台藩主などの信仰を集めた「鹽竈神社」男坂と呼ばれる表参道は202段もの急な石段が行く手を阻む
ドーン
この階段上るの？
上り切ると願い事がかなうとかパワーがつくとか？
傾斜が急なのがコワい！
ハー
ハー
ハー
冬なのにもう汗だくだ…
……なんとか到着
帰りは石畳のなだらかな坂が続く東参道から
行きもこっちから来ればラクだったじゃん
3つ参道があるんだな
毎年4月第4日曜日に行われる「鹽竈神社花まつり」では202段の石段を御神輿をかついで、上り下りするとか！
マジか！

たび活×住み活 20

気仙沼の新たな名物魚!? メカを食らう

メカジキって東京のスーパーでも売ってるけど、照り焼きにするぐらいでメジャーではない魚のイメージだった。気仙沼ではかなり推してたね。

それも刺身とかしゃぶしゃぶとか、生で食べるのは初めてだ。

というわけで、取り寄せた「気仙沼メカしゃぶセット」、いただきます。見た目の色味は地味だけど……、ぶりしゃぶなんかよりサッパリしてて好きかも。旬の冬は脂が乗ってるって、ちょうどいい脂の乗り具合だね。

気仙沼の道の駅「大谷海岸」では揚げたサメを挟んだサンドイッチとかバーガーも売ってた。サメのフライはもう少し改善の余地がありそうだけど。

獲れる魚の種類や漁獲高が変遷しつつもがんばってるよね。

ヒロシ オススメの食べたい!

気仙沼名物のフカヒレを手軽に食べられるのが港近くの「やまと食堂」。1杯1300円。小さなフカヒレが載ってました。津波で店舗が全壊するもボランティアの支援を受け、再開したそう。

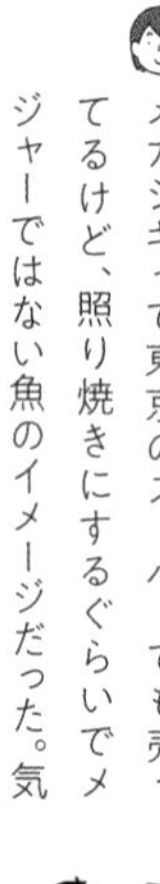

塩釜港に負けじと、多くの漁船が立ち寄る気仙沼港。

27年連続で水揚げ量日本一を誇るカツオ、世界でも有数の産地として知られるフカヒレ、東京・目黒の「さんま祭り」にも提供しているサンマ、その他、ホヤ、カキなど魚の種類は多岐にわたる。温暖化などの影響で漁獲高が減少傾向にある中、新たな名物魚の売り出しにも力を入れている。

その1つが漁獲高日本一を誇るメカジキだ。メカジキ自体は全国で売られているが、気仙沼では旬の冬に脂が乗ったメカジキを「冬メカ」と呼び、東北以外ではなじみのない刺身やしゃぶしゃぶなど、生食のメニューを提唱している。

その他、珍味で人気があるのがネズミザメ（モウカザメ）の心臓の刺身である「モウカの星」。レバ刺のような味わいで酒のつまみにいい。マンボウも現地では刺身で食べられるとか。

珍しい魚を手軽に食べるなら、気仙沼市の道の駅「大谷海岸」でサメを揚げたシャークナゲット、サメをパンに挟んだサメかつバーガー、サメカツサンドが売られている。

宮城県は、漁業を持続的な産業として大事にしていくための基準を定めた国際基準「サステナブル・シーフード」の認証取得数が、全国でもトップクラスで多い。

漁業のトップランナーならではの、新たな名物の魚や食べ方の提案に期待したい。

たび活×住み活 21

軍都、学都、そして楽都！

宮城って東日本大震災の伝承館は知られているけど、「戦災復興記念館」はあまり知られていない。市内が焼け野原になった仙台空襲とその復興の歴史がよくわかるね。

軍事施設が多く置かれて〝軍都〟として栄えたけど、そのせいで空襲の標的にされた。広島に近いストーリーだね。

一方で東北帝国大学を始め、明治の早い時期から多くの高等教育機関が設立されて、〝学都〟として栄えたのは、今も学生が町にあふれる活気につながってる。

東北大っていうとちょっと地味な印象だけど、ノーベル化学賞を取った田中（耕一）さんとか、あと歌手の小田和正も卒業生なんだ。

学都にかけて、音楽イベントが盛んな〝楽都〟としてもアピールしてるみたい。

ヒロシ オススメの知っておきたい！

東北一のエリート校・東北大学は通称・トンペー。その他、社長輩出数が多い東北学院大学、スポーツ選手が多い東北福祉大学、教員になるなら宮城教育大学など、特色ある大学が集結！

「都市としての仙台の出発点は、戦後にある」

仙台生まれの直木賞作家・熊谷達也は『せんだい現代文学案内』に収録されたインタビューでそう指摘する。

戊辰戦争後、仙台は明治新政府の意向で東北開発の拠点となる。政府機関の東北支分局や大企業の支店、さらに東北帝国大学、旧制二高、陸軍の第2師団が置かれ、東海道本線が全線開業した2年後には、東北本線が全線開業した。

戊辰戦争後、蔑視された東北の中で、例外的に優遇されたのは仙台が城下町でありながら、商業に適した都市だったからだといわれる。政宗の目指したまちづくりが後の仙台を助けたのは間違いないだろう。

ただし、軍事施設が置かれ〝軍都〟として栄えた一方で、その代償としてというべきか。１９４５年7月10日、大規模な空襲（仙台空襲）の標的となり焼け野原と化した。仙台空襲で「都市の風景も人々の価値観も『リセット』され、その後10年以上も米軍が進駐した」と熊谷氏。

壊滅的な被害を被るとともに、こうした「軍都」、今も大学・短大が10以上ある「学都」として栄え、戦後、ゼロからの復興を目指した独自の歴史は、仙台に新たな文化と都市としての彩りを創出する契機にもなった。
音楽イベントが数多く開催される「楽都」としての魅力だ。

２００１年、仙台市主催で若い音楽家の育成を目指し開催された「仙台国際音楽コンクール」のキャッチコピーに「楽都」が冠され、仙台の音楽環境の充実ぶりを表現する言葉として用いられるようになる。仙台は第2次世界大戦後、米軍駐留をきっかけにダンスホール、キャバレー、ジャズ喫茶などができ、街にはジャズがあふれた。１９６０年代以降は、ルイ・アームストロング、マイルス・デイビス、セロニアス・モンクら巨匠たちも仙台で公演を行った。

この流れが市民主催の「定禅寺ストリートジャズフェスティバル」の開催につながり、クラシック分野でも市民参加型の「仙台クラシックフェスティバル」が開かれている。こうした市民中心の音楽イベントの数は10以上に及ぶ。

音楽文化が根づく背景には、創立から50周年を超えるオーケストラ「仙台フィルハーモニー管弦楽団」の存在も大きい。仙台フィルは次世代の音楽人材を教育する指導機関でもあり、主に仙台市内の小中高生で活動する「仙台ジュニアオーケストラ」では仙台フィルの団員が講師を務め、定期演奏会には毎年、市内の小中学生を招待するなど、幼少期からオーケストラに触れる環境がある。

ジャズ分野では、仙台出身の主人公が世界一のジャズプレーヤーを目指す姿を描いた漫画『BLUE GIANT』が人気となり、2019年には地元百貨店の藤崎がコラボ企画を実施した。

2023年には同作が映画化され、地元のジャズ熱はさらに高まる。仙台在住の若手ミュージシャンを中心に「仙台ジャズの街再興プロジェクト」が稼働し、単発のイベントだけでなく、日常的にジャズに触れるライブやイベント開催に向けた動きが加速している。

仙台フィルは、東日本大震災後も県沿岸部の避難所で演奏会を開き、被災した人々を勇気づけてきた。

『BLUE GIANT』では、後にテナーサックス奏者として名をはせる主人公が、仙台市の広瀬川のほとりで毎晩、練習する様子が描かれる。音楽が身近なものとなり、この地を支えてきた〝音楽の力〟は、さらにパワーアップしていきそうだ。

サンドウィッチマンの〝東北魂〟を知る

宮城の米の宣伝ポスターとか、さすが地元に来ると、サンドウィッチマンの露出がグッと増えるな。

福岡における博多華丸的な……。それに、テレビ番組での食レポでも、特に伊達（みきお）ちゃんはふっくら体形でよく食べるから、おいしそうに見える。トミー（富澤たけし）は仙台人なのに魚食えないけど……（苦笑）。

米は白いから食べてもカロリー0（笑）。

ゆるキャラ的な魅力もあるけど、実はテレビ番組で福島第一原発での廃炉作業をリポートしてギャラクシー賞を受賞したりしてんだよね。

お笑いやりながら、マジな復興支援を続けるって結構難しい。

それをイヤミなくやれるのが、実はサンド（ウィッチマン）のスゴさかも。

レイコ　オススメの知りたい！

栗原市出身の（狩野）英孝ちゃんも、同郷ということで一緒に被災地を巡っています。曰く「サンドさんは震災以降じゃなくて、震災前からずっと宮城のことを思ってる」と。確かにね。

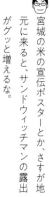

「笑いの不毛の地」――吉本興業が劇場を作るも1年半で撤退し、歴史的にお笑いの文化もない宮城・仙台はそんな〝不名誉〟なレッテルを張られてきた。

仙台が生んだ奇跡の男たちが世に出るまでは。「M－1グランプリ2007」の敗者復活戦からグランプリに輝き、一夜で有名になったお笑いコンビ「サンドウィッチマン」。テレビ番組、コマーシャルでの活躍ぶりは言うまでもないが、「みやぎ絆大使」「東北楽天ゴールデンイーグルス応援大使」を務めるなど、〝東北の顔〟としての役割も大きい。

彼らが、地元からのどこか特別な思い、使命感を背負っているように見える理由の1つに、自身が気仙沼でのロケ中に東日本大震災に遭遇したことが挙げられるだろう。被災した5日後には「東北魂義援金」を開設。「お笑い芸人に何ができるの？」といった冷ややかな反応もある中、2人は助かった人間がやるべきことは何かを考える。「芸人である前に宮城県人だった」と著書に綴る。東北魂義援金は今も継続され、2人は毎年3月11日、気仙沼に出向く。売れても高校の同級生時代にツルんでいたように、変わらずコンビで活動し続ける様子にもどこか癒される。だが、そのほんわかとした風貌に反し、伊達は震災翌日のブログに「必ず復興します！　日本をナメるな！　東北をナメるな！」と宣言した。

そうした強くて優しい〝東北魂〟に、地元の人々は魅せられ、応援し続けるのだろう。

タコ推しの南三陸町とイースター島の関係を知る

「南三陸さんさん商店街」、復興商店街の中でも、かなりにぎわってたね。

志津川タコって初めて聞いたけど、実は名物なんだな。ウマかった。

夏が旬のウニもね。エサになる昆布がウマいからだってタクシーの運転手さんも言ってたけど、確かに。

そういや三陸ワカメも有名だ。

震災伝承施設「南三陸３１１メモリアル」の建物もかなりカッコよかった。

隈研吾の設計ね。被災した人の証言とか映像は良かったけど、参加者同士、「自分だったらどうするか」を話し合うというのは苦手だった（苦笑）。

学校の体験授業や会社の研修にはいいのかな……。ところで、伝承施設にモアイ像が展示されてたけど、あれはいったい……!?

レイコ　オススメの行きたい！

震災伝承施設「南三陸３１１メモリアル」では、証言映像を見た後、「自分だったらどう考えるか」、参加者同士の対話によって学びや発見を得るラーニングプログラムを展開しています。

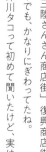

町のゆるキャラは、その名も「オクトパス君」なる真っ赤なタコ。

「西の明石、東の志津川」といわれ、志津川湾に面した南三陸町はタコの名産地。志津川タコ、三陸タコなどと呼ばれ、通年、ミズダコ、秋から冬にかけてはマダコが水揚げされる。世界的にも知られる良港がある三陸沿岸にあって、エサとなるワカメなどの海藻が豊富なだけでなく、高級食材のアワビも食べて育つというゼータクなブランドダコだ。

こうした地元で獲れる海産物が並ぶのが、海に面する「南三陸さんさん商店街」。２０１２年、東日本大震災で被害を受けた店舗が集まり、仮設商店街としてオープン。現在は南三陸産の杉を使った木造平屋に飲食店や鮮魚店、土産店などが軒を連ねる。

東日本大震災伝承施設「南三陸３１１メモリアル」や震災遺構の南三陸町旧防災対策庁舎など、震災について学ぶ施設も隣接するが、もう1つ、この地の復興を見守り続けてきたのがチリ共和国・イースター島から贈られたモアイ像だ。１９６０年、チリ地震津波の被害から共に復興を目指した友好の証しとして、91年、ふるさと創生事業の一環でチリ人彫刻家が彫ったイースター島のモアイ像が贈られる。だが、東日本大震災で流出し、発見されたのは頭部のみだった。そこで、２０１３年、イースター島の石を用い、マナ（霊力）を込めるために目を入れた、世界で2体しかない本物のモアイ像が進呈されたのだ。

野球観戦だけじゃない！楽天モバイルパークを楽しむ

楽天VSロッテ戦、盛り上がってるなー。ココ、ガチなファンが応援する外野席じゃない？　みんなユニフォーム着て、選手の名前が入ったタオルを掲げて応援してるよ。私たち、浮いてないかい？

地元ファンの応援スタイルを間近で観察できたほうがいいだろう。

選手ごとの応援歌もいろいろあるんだね。音頭を取るコールリーダーの人に従って、応援のまとまりもいい。

ロッテは応援スタイルがサッカーのサポーターっぽいというか、迫力あるけど、楽天はほんわかしてていいな。

無償の楽天愛にあふれてる。

さりげなく買い物がキャッシュレス決済のみで、楽天ペイ推しが強いけど……。

レイコ　オススメの知りたい！

楽天ファンから「選手の顔の傾向が似ている」という声が。楽天顔⁉　イケメンの選手が入ってくると「楽天顔っぽくないよね」なんて話が……いや、十分、カッコいい人多いよ、ね（笑）。

熱狂的な野球ファンから、カジュアルな飲み会ユースの地元っ子も集まる――東北楽天ゴールデンイーグルスのホーム球場、「楽天モバイルパーク宮城」だ。

2004年にチームが発足した後発組ながら、どんな世代も野球観戦だけでなくレジャー感覚で楽しめるアメリカ式のボールパークを先駆けて目指す。野球の応援に慣れていない人も多い土地柄に合ったスタイルで支持を集めている。

〝パーク感〟が最も感じられるのが、ミニ遊園地の「スマイルグリコパーク」。子ども連れで遊ぶのもよし、観覧車から試合を観戦するのも楽しい！

席やチケットも家族で楽しめるボックス席や、ナイトゲームに子ども料金で購入できる「おばんですチケット」、「平日ナイトゲーム限定ドリンク引換券付きチケット」、グルメでは地元の名物ほか、6回表から販売される「500円スイーツ」などを展開。楽天が勝利すると打ち上げ花火も楽しめる。

遊園地で遊びがてら野球を見に来たファミリーや、会社帰りのビールを飲みながらの会社員たち、お祭り気分を味わいたい女性グループなど、幅広い層を狙った仕掛けで、観光客が多く訪れる人気スポットとしても上位につけている。

また、他チームファンから多く挙がるのが楽天独自の応援歌や応援スタイルへの高い評価だ。
「楽天の応援が好きで、わざわざ仙台まで行った！」
「チャンスの時に流れる、『レッツゴーわっしょい』が好きすぎる」
「応援団員の演奏の腕が12球団で最も優れている」
「管楽器が、めちゃくちゃウマい」「コールが上手」などなど。

東京ドームの試合などビジターの場合も、東京在住のファンを中心に統率力のある応援を熱く展開。相手チームのファンの中には、楽天の応援歌を間近で聞きたくて、わざわざビジター席の近くに陣取るという楽天応援ファンもいる。

応援歌の特徴は、楽曲の良さもありながら（ベガルタ仙台もチャントがいいのは楽都・仙台ならでは⁉）、統一感がありつつ圧は強すぎない。野次が飛ぶことも少なく、みんなで応援歌を歌って、楽しく応援しようという地元愛にあふれたあったかさがある。

震災の被災者に勇気を与えた２０１３年の日本一以来、優勝から遠ざかってはいるが、楽天ファンは決して見捨てたりすることはない。

その温かさに触れるなら、ホームページなどで応援歌をチェックし、一緒にチャンステーマ曲の「レッツゴーわっしょい！」を叫びたい。

1950年に開場した県営宮城球場をリノベーションして造られた楽天モバイルパーク宮城
ボールパークを称し観客を楽しませる仕掛けが盛りだくさん
ミニ遊園地の「スマイルグリコパーク」
日本唯一、野球観戦しながら観覧車に子どもも大人も乗れる！
グルメもいっぱい！かまぼこをアメリカンドッグ風に揚げた「ひょうたん揚げ」
そろそろ「甘いもの食べたい」という時には6回表からの「500円スイーツ」
プロ野球の球場でいち早くキャッシュレスを実現
さすが楽天！
でもやっぱり一番の名物は一致団結した熱い応援団
レッツゴー
それそれ
レッツゴー
それそれ
わっしょい
わっしょい

ベガルタ仙台の日本一長い!?選手紹介を聞く

ベガルタ仙台って、試合前の選手紹介が日本一長いって聞いてたけど、確かに長かった（笑）。

うん。前にサポーターの人にも取材したけど、応援する時のサポーターソング（チャント）も凝ってるんだよね。

地元スポーツだと、野球の楽天のイメージが強かったけど、サッカー以外でも、意外にバスケが熱かったね。派手な照明とか、DJ風の選手紹介とか、バスケって今、ああなってるんだ。

仙台89ERS《エイティナイナーズ》ね。そもそも、ホームの「ゼビオアリーナ仙台」がある長町駅付近が、いろんな商業施設ができて栄えてるしね。

仙台駅にも近くて便利だもんな。

東日本大震災直後は、あの辺、仮設住宅が立ってたっていうけど、そんな面影はなく、今やすっかり都会だ。

レイコ　オススメの知りたい！

格闘技系の宮城出身の選手が角田市出身で双子の斉藤ブラザーズ。元々、力士で2020年より全日本プロレスで活躍中。栗原市出身の力士・時疾風《ときはやて》は、2024年幕内に入り、地元で話題に！

応援が〝強い〟のは野球の楽天だけじゃない。

「応援の一体感ならどこにも負けない」「アウェーでも強い！」と地元Ｊリーグチーム・ベガルタ仙台のサポーター、通称・ベガサポが自負すれば、他チームのサポーターからも「仙台チャント、Ｊ（リーグ）で一番かっこいい！」「チャントのセンスとリズムがいい」という称賛の声が挙がる。

１９８８年に創部した「東北電力サッカー部」を前身に、99年、Ｊリーグに加盟。仙台市を中心に宮城県全域をホームとする地元プロサッカーチームにまつわる特徴の１つに、独創性の高い応援スタイルが挙げられる。

第１に、多彩なサポーターソング（チャント）。

Ｊ１開幕直後、他チームが似たような応援歌を歌っていたのに対し、パンクロックやシャンソンの楽曲をアレンジするなど、カッコいい替え歌で今の応援の流れをつくった先駆者だ。

例えば選手入場時に歌う『カントリー・ロード』の原曲は誰もが耳にしたことがあるだろう、ジョン・デンバーの『Take Me Home, Country Roads』。『TWISTED』はトゥイステッド・シスターの『We're Not Gonna Take It』のアレンジだ。おフランスのオシャレなシャンソン『オー・シャンゼリゼ』をアレンジした、得点時に歌う『シャンゼリゼ』もある。第2に、試合開始前の選手紹介も独自性が強い。選手個別のチャントと合わせ、Jリーグで一番長いといわれ、あまりの長さに「おいおい!」と突っ込みたくなる⁉　試合前から選手紹介とサポの声援の強さで相手チームを圧倒する勢いだ。

他チームのサポから、ベガサポのチャント聞きたさに、「早くJ1戻ってこい」(現在、J2)という声も挙がる。応援の力で、押し上げていこー!

迫力あるベガサポの応援とはまた違う熱気で盛り上がりを見せているのがBリーグ(現在、B2リーグ)に加盟する「仙台89ERS」。

仙台駅から楽天ゴールデンイーグルスのホーム球場「楽天モバイルパーク宮城」への道がチームカラーのクリムゾンレッドのフラッグで彩られれば、仙台89ERSのホーム「ゼビオアリーナ仙台」がある長町駅に降り立つと、ナイナーズイエローのフラッグがはためく。

試合のオープニングから派手な照明と音楽、さらにDJによって選手が紹介され、カッコいい!　観客の女性比率が高いのもなるほどだ。専属のチアダンスチーム「89ERS

チアーズ」の華やかな応援に加え、マスコットキャラクターの「ティナ」（子どもの雄ライオン）の意外なほどに上手なダンスのステップさばきにも注目したい。

宮城・仙台っ子の地元愛を感じるなら、野球だけでなくサッカーやバスケの熱い試合にも足を運びたい。

サッカーもバスケも熱い！　女子サッカーチームの「マイナビ仙台レディース」もあります。

山元町のイチゴ産業復興の立役者を知る

山元町の「ミガキイチゴ」、さすが高級ブランドだけあって粒が大きいし、色もキレイ！

12粒で約5500円だから、1粒約460円かー。冷蔵庫で冷やしすぎずに、ヘタのほうから食べるのがおいしいらしい……んっ、甘い！

イチゴって意外に見た目がおいしそうでも、イマイチって時があるけど、これは当たりだ。

ＩＴ企業のヤリ手社長が起業しただけあって、ブランディングもウマいな。イチゴ農園の雰囲気も、他の農園とはちょっと雰囲気が違ってオシャレだったし。

他の農園も含めて、新たに雇用が生まれて、イチゴ栽培に従事する若い人が増えるのはいいね。

レイコ　オススメの食べたい！

宮城のイチゴは全国で有名な「とちおとめ」のほか、寒冷な気候でも病害に強い「もういっこ」、とちおとめともういっこを掛け合わせた「にこにこベリー」といったオリジナル品種も人気です。

〝食べる宝石〟と称し、1粒1000円もするブランドイチゴも誕生。12月後半〜6月のイチゴ狩りシーズンには、町内のイチゴ農園に多くの人が訪れ、直売所にも様々な品種のイチゴが並ぶ――県南部の山元町の風物詩だ。

山元町とその隣、亘理町では穏やかな気候風土を活かし、昭和初期からイチゴ栽培がスタート。1970年代には「仙台いちご」のブランドを確立する。

だが、沿岸部に広がるイチゴ畑は、その地理的特性から東日本大震災の津波により、大きな被害を受けることとなった。

約4000棟の家屋が全半壊し、畑や田んぼの多くが流され、「もう農業はできない」と町を離れる人も多く出る中、復興に向けて立ち上がった男たちがいた。

その1人が山元いちご農園の代表取締役・岩佐隆。農業を基幹産業として次世代につなげていきたいという以前からの構想を実現しようと、震災のわずか3か月後、3戸の被災農家と共に山元いちご農園株式会社を設立。従来の露地栽培から、環境制御システムを取り入れたビニールハウス栽培をスタートした。

さらにイチゴの生産だけでなく、イチゴ狩りを楽しめる観光農園を開園し、イチゴを原料としたワイン醸造施設も建設し、6次産業につなげていったという（参考：復興庁「産業復興事例集」)。

もう1人が、震災直後、故郷・山元町にボランティアとして入り、新たなイチゴのブランド「ミガキイチゴ」を確立した、農業生産法人GRA代表取締役・岩佐大輝だ。その経緯や考え方は、自身の著書『99%の絶望の中に「1%のチャンス」は実る』に綴られる。

IT企業を経営していた知見を活かし、イチゴ栽培で長年の経験を擁する職人の技を形式知化し、環境制御技術により最適な栽培環境を再現。次世代の栽培者に技術を継承するために、認定制度を設ける。ミガキイチゴの栽培技術を学べるアカデミーもつくり、独立を志す新規就農者を支援している。

冒頭に挙げた1粒1000円の高級イチゴ(「ミガキイチゴ・プラチナ」)を売り出したのも同社で、2013年にはグッドデザイン賞を受賞した。

寮も整備し、若者にも魅力ある〝カッコいい〟職業としてイチゴ生産を打ち出し、農業従事者の若返りも実現。全国各地を始め、海外へも出荷し、テクノロジーの力で日本の農業のビジネスモデルの転換に挑んでいる。

亘理町でも最新鋭設備を備えるハウス棟を設けた「いちご団地」が設立。販売先としても、山元町に農水産物直売所「やまもと夢いちごの郷」が開設されるなど、官民挙げて〝イチゴの町〟アピールを展開している。

この直売所の敷地の一角には「TSUNAMIハーレー展示館」と称し、東日本大震災で被災し、当時の状態のまま保管されてきたアメリカ製オートバイ「ハーレーダビッドソン」が展示されている。津波でこの地のハーレーが流された後、カナダ西部の海岸へ奇跡的に打ち上げられた「奇跡のハーレー」の写真も掲げられ、震災を語り継ぐ象徴がしっかりと残る。

震災後の絶望の淵にあって、新たな希望を拓いた仙台いちご。その立役者たちのチャレンジ精神に学びたい。

「ミガキイチゴ・ゴールド」をお取り寄せ。完熟でキレイに形の整った大粒イチゴ、ウマい! 直売所「やまもと夢いちごの郷」の敷地内には「TSUNAMIハーレー展示館」も。

震災遺構を巡る

前回、三陸に行った時は整備されてなかったけど、今回はかなりの数の震災遺構や関連施設を巡ったね。特に衝撃的だったのは初めて見た旧女川交番。

鉄筋コンクリート造りの建物の基礎部分の杭が完全に引っこ抜かれて、横倒しになってた。津波の威力を改めて思い知らされた……。

津波で鉄筋の骨組みだけになった、南三陸町の旧防災対策庁舎も、近くで見ると圧倒された。

この高さまで波が来たんだ、と。2013年、最初に石巻に行った時には、むき出しの状態だった門脇小学校も震災遺構として整備されてたね。

津波だけでなくて津波に伴う火災で被災する恐ろしさも、あの時、初めて知ったなー。

ヒロシ オススメの行きたい！

気仙沼市では「命のらせん階段」へ。地元の阿部長商店創業者が震災の5年前、市内の自宅に住民避難用に後付けでらせん式の外階段を取り付け、約30人の住民の命を津波から守ったそう。

津波で無残にも横倒しになった鉄筋コンクリート造りの旧女川交番。職員が最後まで高台への避難を呼びかけ、庁舎の屋上を超す15ｍ超の津波で、職員ら43人が犠牲となった南三陸町旧防災対策庁舎。津波で流されたプロパンガスボンベや自動車の損傷などで引き起こされた津波火災で被災した石巻市の門脇小学校。

宮城県内には、２０１１年3月11日の東日本大震災によって被災した学校や公共施設などの建物が、震災・津波の恐ろしさを後世に伝えるべく、〝震災遺構〟として整備・保存されている。

見学施設として整備されていても、そのありさまを目の前にすると、津波の威力、震災の恐怖を実感。百聞は一見に如かず、だ。

無論、震災遺構は被災した人にとっては辛く、悲しい思い出がつきまとう。実際、南三陸町旧防災対策庁舎は、解体か保存かで意見が分かれ、町議会では被災者の思いや維持・管理費の問題から、早期解体を求める陳情を全会一致で採択。しかし、県や国の意向もあり、県の維持・管理期間を経て、２０２４年、町有化し、震災遺構として保存することに決定した。地元で被災した人、残された家族の思いは様々だろう。

見学者ができることは、当時のことを正しく知り、静かに祈ることだけだ。

フィギュアスケート発祥！ゆづファン巡礼の地を訪問

仙台駅東口から、すごい行列！　シャトルバス待ちか。どこ行くんだ？

女の子ばっかりだから、アイドル系のコンサートがどっかであるのかな。調べたら……仙台市隣の利府町のセキスイハイムスーパーアリーナに行くみたいね。

仙台駅構内のロッカーがいっぱいだったのも、そのせいかー。

セキスイハイムスーパーアリーナって、スケートの羽生（結弦）君のアイスショーも行われてるんだね。

仙台出身だもんな。

羽生君と荒川静香という二大スケーターを輩出しているのに、意外にも国際規格のスケートリンクがないのよね。ゼビオ（ホールディングス）と仙台市がタッグを組んで、ようやく新しくスケートリンクができるみたい。

レイコ　オススメの知りたい！

2024年1月の「仙台市政だより」では、羽生（結弦）君と郡和子仙台市長のインタビューを掲載。観光プロモーション動画『#ただいま仙台』では氷上とは違う“ゆづ”の表情が楽しめます。

伊達政宗の霊廟がある「瑞鳳殿」。観光客が多く訪れる定番の観光地だが、石畳が続く境内の一角に「スケート靴のような石畳み」という看板が掲げられる。

政宗とスケートに何の関係が？

実は仙台はフィギュアスケート発祥の地とされ、青葉山公園内にある水堀の「五色沼」にはスケートをするペアの像と碑が掲げられる。

明治後期にアメリカ人宣教師が、五色沼で子どもたちにスケートの手ほどきをしたのを発端に、旧制第二高等学校（現・東北大学）の学生がドイツ語教師から教示を受け、スケートの技術を習得。同校の卒業生が日本各地でフィギュアスケートの指導や普及に貢献したといわれている。

こうした歴史を経て、仙台から生まれたのが荒川静香、羽生結弦という世界を代表するフィギュアスケーターだ。

五色沼最寄りの地下鉄・国際センター駅には、2人のオリンピック金メダル獲得を記念したモニュメントが設置され、各地からフィギュアスケートファン、特に羽生結弦の熱狂的ファンが訪れる〝聖地〟となっている。

そんなゆづ&スケートラブなファンが、瑞鳳殿で冒頭に挙げたスケート靴そっくりの形をした敷石を発見。

ＳＮＳへの投稿が大バズりし、ゆづファンが訪れる新たな聖地となる。瑞鳳殿では来訪者からスケート石の場所を尋ねられることが増えたため、案内の看板を掲げるに至ったという。

かつて冬ともなれば厚く凍結し、天然のスケートリンクとなっていた五色沼も、現在では地球温暖化の影響か、人が氷上に乗れるまでには至らない。そんな時代の変化もありつつ、羽生結弦は生まれ育った仙台への思いを折に触れて語り、定期的に地元のセキスイハイムスーパーアリーナなどでショーを開き、ファンを喜ばせている。

その際に防災グッズや宮城のグルメのブースも準備するなど、仙台観光アンバサダーとして、地元出身ならではの心配りも見せている。

仙台市は日本フィギュアスケート発祥の地とされながら、練習場所の不足が課題とされてきた。

そこで、市はゼビオホールディングスと協定を締結。同社が太白区の「ゼビオアリーナ仙台」を通年型の国際規格のアイスリンクと屋内競技に対応した併用型施設に改修し、市に寄付することで合意した。２０２５年の運用開始を目指し、建設が進んでいる。

発祥の地として競技人口を拡大するとともに、世界のフィギュアスケートファンを呼び込む効果も期待できそうだ。

日本フィギュアスケート発祥の地の「五色沼」と地下鉄・国際センター駅前の荒川静香、羽生結弦のオリンピック金メダル獲得を記念したモニュメント。ファンが多く訪れます。

政宗に配慮!?
〝両目入り〟青だるまの由来を知る

青いだるまって珍しい。宮城独自の「松川だるま」だって。

全国にいろんなだるまがあるけど、青をベースに縁起物が描かれているのも〝伊達〟な感じでいいね。両目が最初から入っているのも珍しい。

独眼竜政宗に配慮したとか、かな？

伝統工芸だと、鳴子温泉とか秋保温泉辺りで、こけしをよく見かけたね。

こけしは渋すぎるだろう。

1周回って、昭和レトロなグッズとして若いマニアもいるんだよ。

ホントかよ？

その他には仙台箪笥、あと仙台藩が開発した最高級の絹織物の仙台平《せんだいひら》は、フィギュアスケートの羽生（結弦）君が国民栄誉賞の授与式で着用して話題になったらしい。

ヒロシ　オススメの行きたい！

仙台市歴史民俗資料館では、明治時代以降の人々の暮らしに関わる資料や展示が見られます。資料館の建物は旧日本陸軍第2師団歩兵第4連隊兵舎。軍事資料など戦争展示も見学できます。

だるまといえば赤！　選挙事務所などに置かれ、片目を入れておいて、願いが成就するともう片方の目を入れる――そんな常識を覆した、斬新かつ伊達なだるまが仙台にある。松川だるまだ。天保の飢饉に際し、伊達藩藩士の松川豊之進が飢饉で苦しむ人々のよりどころになってほしいという思いから創始。基調となる深いブルー、群青色は宮城の空と海を表現し、高貴な色として武士にも好まれたという。最初から目が描かれているのは、独眼だった政宗への配慮があったとか。大きな目で四方八方を見渡すことで、無病息災や家内安全を見守ってくれるという。

また、県内の伝統工芸として知られるのがこけしだ。江戸時代、木地師と呼ばれる職人が山間部に住み着き、こけしを作り始めたところ湯治に訪れた人々に人気となり、土産として定着した。鳴子温泉などで主流の太めの胴体で首を回すとキュキュッと音が鳴る鳴子系のほか、作並温泉で見られる作並系、遠刈田《とおがった》温泉エリアの遠刈田系、白石市を中心とする弥治郎系、仙台市を中心とする肘折系と、模様やスタイルが異なる5系統が存在する。

石巻の雄勝《おがつ》地区で室町時代から生産されているのが雄勝硯。大正・昭和初期には、硯の原石を薄い板状に加工した粘板岩（スレート）が洋風建築の屋根瓦として使われていた。現在の東京駅や赤レンガ庁舎の名で親しまれる北海道庁旧本庁舎にも使われている。

漁師が愛する“陸の味”。気仙沼ホルモンにトライ

気仙沼港といえば全国屈指の漁港なのに、なぜ地元グルメがホルモン？

遠洋漁業の船上の食事は魚が中心だから、陸に戻ると安くておいしいホルモン焼きがよく食べられたらしい。気仙沼ホルモンって命名したのがここ、「焼肉くりこ」なんだって。

ほー。ホームページに、知名度が上がったことで仕込みが不十分な店があるから注意って書いてあるね。仕込みにこだわりがありそう。

食べ方にもオススメがあって、まずは焼いたホルモンをそのまま食べる。次にキャベツの千切りと一緒に食べる。最後にキャベツの千切りにウスターソースをかけて、一緒に食べる。

長い船旅で野菜不足を手軽に解消できるのも理にかなっているんだね。

ヒロシ オススメの行きたい！

気仙沼港近くの「K-port」は、俳優・渡辺謙さんが復興支援で造ったカフェ。2013 年、気仙沼に行った際、何もない中でいち早く建物ができていて、「さすが！」と思った記憶があります。

全国屈指の水産県なのに、なぜ肉グルメ？　いやいや水産県だからこその名物というべきか。全国の遠洋漁業の船乗りが、水揚げで立ち寄る気仙沼港。一度港を出れば1年超、海に出っぱなしが当たり前の漁師に愛されるご当地グルメが、ホルモン焼きの「気仙沼ホルモン」だ。

その特徴と食べ方には、大きく3つの手順がある。まずは、にんにく味噌で味付けされた豚の生のモツを七輪を使ってしっかり焼く。最初は何もつけずにそのまま新鮮な気仙沼ホルモンならではの肉本来のうま味を味わおう。次に、よく焼いた気仙沼ホルモンを、同時に提供される千切りキャベツと一緒に食べる。3つ目は、キャベツの千切りにウスターソースやしょうゆをかけて、焼いたホルモンと一緒に食べる。味変に一味唐辛子をかけて食べるのもいい。

気仙沼ホルモンを命名した「焼肉くりこ」のホームページによると、今の気仙沼ホルモンのスタイルを確立したのは元々、三重県でうなぎ屋を経営していた「ホルモンの助六」。知人から漁業が盛んな気仙沼は景気が良く、商売をするのに向いていると聞き、気仙沼に移り住む。精肉店でホルモンの洗い方や味付けの仕方を教えてもらい開店。ウスターソースの味付けは、三重県・四日市名物「とんてき」に由来しているともいわれる。

気仙沼には、他にも水揚げ後の漁師のために、朝7時からやっている〝おもてなし施設〟がある。銭湯「鶴亀の湯」だ。

元々あった銭湯「亀の湯」が、震災後の防潮堤建設に伴い、やむなく廃業。漁獲高の約7割は他県の漁船からという気仙沼にあって、漁船員が体を休める場を絶やしてはいけない、と地元の有志がクラウドファンディングで資金を集め、中古のトレーラーでリスタート。漁船員は、問屋から配られる割引券を使って、安く利用できるというのも気仙沼らしい。併設する鶴亀食堂は朝7時にオープン。朝から一杯やっている船員の人たちと隣り合わせで一緒に朝食を食べるのもいい。

こうした取り組みの中心となるのが、気仙沼でおもてなしを考える女将の会「気仙沼つばき会」の女性たち。遠洋マグロ船を大漁旗を振って市民らと一緒に見送る「出船おくり」や、漁師の魅力やかっこ良さを伝えるための「気仙沼漁師カレンダー」の制作などを実践している。目指しているのは「日本一漁師さんを大切にする町」だとか。

書籍『みやぎから、』に掲載されている「気仙沼つばき会」メンバーへのインタビューでは、「『よく来てけだね〜（よく来てくれたね）』っていうものがじわじわと町の中から滲《にじ》み出てるっていうような、そういう町になればいいよねって」と語っている。

地方にあって、ヨソから来る者を鷹揚に受け止める、オープンな雰囲気を感じられる気仙沼。気仙沼港の市場は上から見学できるデッキがある。駐車場となっている屋上から全国から入港してくる漁船や忙しく働く漁船員たちの姿を見て、港町ならではの活気を感じるのもいい。

「焼肉くりこ」の新鮮でウマいホルモン。気仙沼港の様子も見学デッキからウォッチできます！

山形に負けじ！麺好き仙台を知る

仙台市ってラーメン店をよく見かける気がする。学生が多いからかな。

二郎とか全国的に人気のチェーン店が進出してる以外には、味噌ラーメンが地元に根付いているイメージかな。

うん、若林区の「味よしラーメン中倉本店」は優しい味噌の味わいで、辛味噌を溶かして味変するのも良かった。

でもやっぱり仙台でウマい麺といえば、今回、初めて食べた「そばの神田」。

うん。普段、立ち食いそばって食べないけど、あれはクオリティが高い。麺にコシがあって、出汁もウマい。紅しょうが天とか揚げ物もちゃんとしてた。

飲んだシメに食べて、翌朝もシラフで朝そばを食べたけど、やっぱりウマかった（笑）。

「そばの神田」、東京に欲しい！

ヒロシ オススメの食べたい！

ご当地チェーンの１つで、気に入ったのが「元祖仙台ひとくち餃子　あずま」。具はニンニクなしでショウガを利かせた野菜中心でサイズは小ぶり。ちょい飲みが気軽にできる雰囲気もいい。

東北随一の麺類好きといえば、お隣の山形県。山形市は中華そばの1世帯当たりの支出額やラーメン消費額、県単位でも人口当たりのラーメン店の軒数が全国1位。宮城にも進出している肉そばなどのご当地麺も多く、〝そば街道〟と呼ばれるそば店密集ロードがなんと13本。山形市では山形ラーメンを意味する「山ラー」、県では「ラーメン県そば王国」（ややこし……）の商標登録を特許庁に申請するなど麺王国アピールに鼻息荒い……。

と、そこまではいかなくとも、仙台市も外食分野で中華そばへの支出金額が全国4位。他の日本そば・うどんなど麺類の外食支出額でトップ10内に入るなど、麺類大好きエリアなのだ。

中でも仙台市内にラーメン店が目立つのは市内に10以上もの大学・短大があるなど、〝学都〟にあって若者の比率が高いことや、単身赴任族が多いのも影響しているだろう。

二郎系や横浜家系など、全国で人気のラーメン店が、東北でいち早く上陸するのも仙台ならではだが、ご当地ラーメンポジションといえば味噌ラーメン。仙台市若林区の「味よしラーメン中倉本店」が老舗店として知られる。

その他、老舗のラーメン店では、創業から１００年を超す若林区の「八千代軒」、74年、古川市（現・大崎市古川七日町）で創業し、仙台市内でも約半世紀、根強く愛されている

「中華そば 富士屋」などがある。
　仙台市以外でラーメン激戦区といわれるのが岩沼市。市内でラーメン店を構える店主イチ押しの一杯を紹介する「いわぬまラーメンマップ」が作成され、ラーメン好きの呼び込みに力を入れている。明治維新のころ、岩沼領主の家老が自宅敷地内で養豚事業を始め、肉食を広めようとしたのが、豚骨を使ったラーメン店が増えた背景だという。

　そばも負けてはいない。

秋保や七ヶ宿町にそば街道があるほか、見逃せないのが庶民の味方、立ち食いそばの人気店「そばの神田」、通称・そばかんだ。創業者が東京・神田の出身だったことから命名され、元は東京のお茶の水と早稲田に店を構えるが、１９６９年、宮城・塩竈に縁あって店を構える。早稲田にあった店には、当時、早稲田大学に在籍していた女優の吉永小百合も通っていたという。あの吉永小百合が立ち食いとは！

　2代目に代替わりしてから、自家製麺を使い、つゆも鹿児島・枕崎産のカツオ節やサバ節を使うなどのこだわりで人気上昇。今は仙台市内に立ち食いスタイルを5店舗、ロードサイド型の椅子・カウンター席がある店を仙台市若林区と多賀城市、名取市に3店舗展開。立ち食いながら、そば湯も提供され、朝食から夜の飲み会帰りのシメまで万能に使える。

２０００年代から新たなご当地グルメに認定された麺料理もある。マーボー焼きそばだ。テレビ番組で取り上げられ、話題になったころは、「（みんなが食べるような）名物じゃない！」という地元の声が多かったが、新しいものに柔軟な仙台っ子。番組を見たのを機に食べに行く人も多く、「食べてみたらおいしかった！」ということで、提供する店も増加。仙台名物ポジションを獲得した。発祥の店は、当初、まかない料理で提供していた中国菜館「まんみ」。現在では、仙台市内の50店舗を超える店で提供している。

若林区「味よしラーメン中倉本店」の優しい味わいの味噌ラーメンと、「そばの神田」の紅しょうが天そば。“そばかん”は揚げ物がカラリと揚がっていて、そばもシコシコ香りありで立ち食いそばの域を超えています!

“米どころ”の復権を探る

宮城の居酒屋のメニューで、地味においしかったのがシメのおにぎりかも。フキノトウで作ったばっけ味噌とか仙台味噌を塗ったおにぎりがウマかった。

「さいち」のおはぎ（P120）も、実は中の米の部分がおいしかった。宮城産のもち米とササニシキをブレンドしてるって。

今や全国各地にブランド米があるけど、走りは宮城のササニシキだもんな。

日本だともっちりした米が好まれるから、他のブランドに押されちゃったけど。さっぱりした味わいは寿司にピッタリって、塩竈の名店「すし哲」も称賛してる。

「すし哲」といえば、マグロがウマかった。

マグロじゃなくてシャリの話ね（笑）。ササニシキも生誕60周年を迎えて、復権を目指してるみたいよ。

レイコ　オススメの知りたい！

米どころの登米市は2022年、米の産出額が前年比で増加。米輸出に力を入れているとか。県北部に上沼、登米、米山など米や水に関わる地名が多いのも稲作地だったことに由来しているよう。

言わずと知れた食材王国の宮城。中でも日本人の食の原点といえる米の作付面積・収穫量は全国トップ5に入る。江戸時代、伊達政宗が新田開発や河川改修工事を積極的に進めたおかげというべきか。江戸時代の実高は62万石どころか100万石を超え、江戸に流通する米の3分の1余りが宮城産だったという。

こうした歴史をベースに、全国のブランド米の走りとして1963年に生まれたのが「ササニシキ」。病気に強く、収穫量が多い品種を目指して作られた。さっぱりした食感、おかずの味を引きたたせる香り豊かな風味から和食との相性が良く、寿司用などに人気。ただし、栽培が難しく、1993年の大冷害から作付は減少した。

代わりに、コシヒカリを母に、初星を父に宮城の気候風土に合わせて育成され、低温に強い品種として宮城で生まれた「ひとめぼれ」が主流に。適度な粘りが特徴で、どんな料理にも合う宮城の主要品種として県内の作付割合のトップを占める。その他、もっちり食感で、かむほどに甘く、米本来の味わいが堪能できるプレミア米として生まれたのが「だて正夢」。この米で〝食卓の天下を取る〟という願いが込められているとか。

劣勢だったササニシキも2023年に〝還暦〟を迎えたのを機に、JA全農みやぎでは、新しくブランドマークを制定。若手農業者を対象に栽培の研修を行い、復権を目指す構えだ。

セリ鍋に激熱！の女将さんに出会う

仙台セリ鍋で知られている居酒屋「侘び助」の名物女将、トークが熱かったな。全テーブルで鍋を作りながら同じ話をするんだけど、もはや名人芸（笑）。

セリの根っこは朝鮮人参の根っこと同じような効能で、女性は美肌、男性は精力……以下略（笑）。秋田で「鴨ごろし」っていう、セリの太い根っこの天ぷらを食べたのが、根っこにこだわるきっかけになったみたい。

あの根っこの太さには、びっくりした。細かいひげ根を取って、5時間洗ってるって言ってたね。

元々はセリ栽培が盛んな名取市の農家さんと飲食店が考案して、仙台市内に広めていったらしい。

鴨の出汁がまたいいんだよなー。

ヒロシ オススメの知っておきたい！

「侘び助」の名物女将の息子さんは、地元タレントのワッキー貝山さん。実はサンド（ウィッチマン）が無名のころから、先輩として交流があり、今も地元番組で時折共演しています。

宮城の名物は魚介類や牛たん、笹かまぼこだけではない！

収穫量全国1位を誇る、宮城名産の野菜がセリ。「競り合って」生い茂ることから、「セリ」と名付けられたともいわれ、名取川の伏流水で育てる名取市の「仙台せり」と、石巻市河北地区で収穫される「河北せり」が二大ブランド。特に仙台せりの栽培は４００年余りの歴史を持ち、県内で約8割のシェアを占める。

セリといえば一般的には「春の七草」や「七草がゆ」として知られ、仙台でも雑煮の具材や秋田名物のきりたんぽ鍋で使われていたものの、長らく目立たない脇役だった。そのバイプレイヤーが人気を集めるきっかけになったのが、いさぎよく仙台せりを主役にした「セリ鍋」の開発だった。

名取のセリ生産者と飲食店、常連客などが試作・試食をくり返し生み出したもので、最大の特徴は根っこの部分まで丸ごと食べること。いや、むしろせりの根っこを食べるためのもので、地元の名産である野菜をおいしく食べるために開発された〝引き算〟のメニューといえる。

セリの旬は2月から春だが、鍋がおいしい年末年始のシーズンになると、仙台市内の飲食店では「セリ鍋始めました」などと店頭に告知される。特に旬の時期のたっぷり太った「根せり」は甘味が特徴。食べたら、思わずセリだけおかわりする〝追いゼリ〟をしたくなること請け合いだ。

ただし、食べる際には根っこをしっかり水洗いし、土を落とすことがマスト。宮城のセリ鍋ラバーは、家にセリを洗うための専用の歯ブラシを常備しているとか⁉

２００３〜04年に市内の飲食店でデビューし、東日本大震災後には復興支援で訪れた県外からの人々の間で好評を博し、冬の新たな名物に定着。スーパーでもセリと共に、セリ鍋用のつゆが売られている。

河北せりも３００年もの歴史を持つ在来種で、名産の海産物・カキを使った魚介ベースの「石巻せり鍋」を売り出すなど、漁獲高が多い強みを活かしたグルメを売り出し中。

宮城に行くなら、野菜が主役のセリ鍋にも要注目だ。

名取市のセリ生産者と
地元の飲食店らが
開発したセリが主役の
「セリ鍋」
東日本大震災後
メディアでも紹介され、
仙台名物として定着
提供する飲食店が
増えている
サンドウィッチマン
なども紹介する
人気店の「侘び助」
特徴の1つがセリと
少量の鴨肉だけの
シンプルな構成
2つ目の特徴
根っこが太い！
名取産で特別に太い
根っこのセリを作って
もらっているとか
根っこが
太い！
甘い！
鴨の出汁が
ちょうどいい
何といっても
最大の特徴は
女将の熱～い？
セリ談義
朝鮮人参の根っこと同じ
効能だから女性は美肌
男性は今夜は…
セリ愛、
すごい
もはや
名人芸……

県外に散った伊達一族の消息を知る

札幌市の白石区って、政宗の右腕で白石城を治めた片倉小十郎の片倉家が移住したことに由来してるって聞いてたけど、戊辰戦争で負けて、仙台藩が大幅に領地を減らされたのが移住のきっかけになったんだね。

特に県南部は盛岡藩の領地にされてしまって、刀を捨てて他の藩で帰農するのはプライドが許せなかったのか……。

東北の宮城からといっても、未開の地で寒さも厳しい蝦夷（北海道）開拓ってかなりの重労働だったろうに……。

同じく北海道の伊達市も亘理伊達家が移住したのが由来だって。

伊達家は宮城の発展の基礎を築いただけでなくて、歴史の流れとはいえ、北海道の発展にも大きく貢献したんだね。

レイコ オススメの知りたい！

宮城人は修学旅行などで必ず一度は、会津若松に出向き、戊辰戦争の一戦、会津戦争に際し組織され、自決を図った白虎隊《びゃっこたい》の歴史を学びます。土産は木刀の「白虎刀」が定番だったとか。

徳川幕府が倒れた後、新政府と旧幕府勢力との間でくり広げられた戊辰戦争。ここで重要な地となったのが仙台藩と米沢藩の城の中間地にある宮城・白石市だ。大政奉還と王政復古により、政権は徳川幕府から新政府へと移るが、新政府を認めない旧幕府勢力により戊辰戦争が勃発。しかし、徳川慶喜が大坂城から脱出し謹慎したことから、新政府軍の進攻が勢いづく。

それまで薩摩藩や長州藩などの倒幕勢力を取り締まっていた会津藩は、新政府から〝朝敵〟とされ、仙台藩や米沢藩などに会津藩追討令が出された。

仙台藩と米沢藩は出兵を装いながら、会津藩に降伏を促すが、交渉はまとまらない。そこで、仙台藩と米沢藩を中心に、奥羽14藩が白石城で会議を行い、会津藩と庄内藩（山形県）の赦免を要請するため、嘆願書を提出するが却下されてしまう。

さらに、嘆願書を無視されたうえに、奥羽鎮撫総督府下参謀・長州藩士の世良修蔵が書いたとされる、奥羽全域討伐を進言する「奥羽皆敵」の字句が記された手紙が明るみに出たことで、仙台藩士らが世良を暗殺する事件が勃発。これにより戦争回避の道は閉ざされる。

奥羽諸藩は改めて、越後諸藩も加わった31藩による「奥羽越列藩同盟」を結び、軍事同盟として新政府と戦う。仙台藩主の伊達慶邦と米沢藩主の上杉斉憲《なりのり》を総督とし、白石に中心機関が置かれたが、江戸城が無血開城したことで、形勢は新政府へと傾く。福島県を中心に激しい戦いが行われ、米沢藩らに続き、会津藩も降伏し、東北の戊辰戦争は終結。東北は賊軍としての汚名を背負うこととなった。

明治維新により藩は解体され、領地は大幅に減らされ、武士階級は生活基盤を失い、帰農を要請される。片倉家家臣たちは白石で農民となることをいとい、明治政府が推進した北海道開拓に加わる道を選んだ。旧藩士らが入植したのが札幌郡白石村（現・札幌市白石区）など。北海道南部の伊達市も亘理伊達家が移住したのが地名の由来となり、当別町も岩出山伊達家家臣が開拓した。

戊辰戦争によって東北は経済的に遅れをとり、明治維新によって日本において経済・工業が発展する一方、蔑視・差別された。今も、その歴史を重く見る向きもある。

特に宮城の隣、福島県の会津若松は修学旅行などで宮城県民にとってなじみのある場所だ。戊辰戦争の一戦、会津戦争に際し、若年の武家男子で組織され、最後は自決を図った白虎隊の悲しい歴史は誰もが知るところ。歴史の経緯から、長州・薩摩（山口県・鹿児島県）と会津（福島県）は仲が悪いなんて、まことしやかに言われていたことも……。

また、仙台藩主、伊達家の霊廟として知られる「瑞鳳殿」の参道の一角には、戊辰戦争で落命した仙台藩士など1260人と民間で犠牲になった多くの人々がまつられる「弔魂碑《ちょうこんひ》」がある。

時代のいたずらで起こってしまった戦争で亡くなった多くの仙台人、東北人、さらに厳しい北海道開拓に従事した伊達家家臣たちの思いと苦労を知っておきたい。

白石市の白石城。ここが戊辰戦争で新政府軍と戦うための、31藩による「奥羽越列藩同盟」を締結する重要な場となりました。時代の流れで起こった戦争で仙台を始め東北で命を落とした人も数多く……。

企業進出ラッシュの影響を知る

仙台市以外だと、企業の進出で急に人口が増加した自治体も多いんだよね。これまでだとトヨタ自動車のグループ会社。2024年は大衡《おおひら》村への、SBI（ホールディングス）と台湾企業の半導体工場の進出が話題になってる。

またも〝村〟強し！　いくら移住支援策に力を入れても、やっぱり企業の進出は大きいよね。他の東北エリアと比較して、東京からのアクセスが比較的いいのも影響しているかな。

登米市とかでもリサイクル関係の工場をよく見かけた気がする。

事業によっては、補助金なんかもあるのかもしれない。

これからも新たな企業の進出で県内の勢力図が変わっていくのか！

ヒロシ オススメの知りたい！

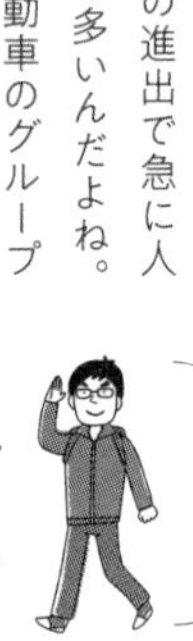

仙台発の企業で知られているのが「アイリスオーヤマ」や「やまや」。両社とも、今までにない製品や店舗展開で成長。アイリスオーヤマは精米事業で東北の米も応援しています！

Ｐ24で、仙南地域の市より強い町・村について解説したが、仙台市以北でも企業誘致による同様の現象が見られる。

トヨタ自動車グループなどメーカーの工場設置が進む形で人口が増加しているのが仙台市の北にある大和町《たいわちょう》や大衡村。特に大衡村は、国立社会保障・人口問題研究所が２０２３年に公表した地域別の将来人口推計（２０４０年）で50・３％増加と試算される。

トヨタ自動車東日本が生産投資を拡大し、村では増えた税収を活かして子育て支援を拡充。今後はＳＢＩホールディングスと台湾の力晶積成電子製造が半導体工場で進出する。村では住宅団地の造成を進め、今後は商業施設や病院などの誘致も進める構えだ。大和町も宅地販売が好調に推移しているという。

大和町の隣、富谷市も、富谷町だった時代に交通アクセスの良さや「コストコ」が進出するなど大型商業施設がある利便性から、人口増で日本一になった経緯がある。同じく仙台市に隣接する利府町もベッドタウンとして人口増が続く。

商都・仙台を擁し第３次産業に強く、小売業販売額では断然の東北１位だが、実は製造品出荷額でも宮城県は東北２位と強い。大手企業の進出ラッシュで躍進する町や村。これも宮城ならではの発展のスタイルなのだ。

伊達家ゆかりの登録有形文化財の名湯を満喫

観光地の温泉宿って、むやみに高級食材が出てきたり、サービスが過剰だったりとチョイスが難しいけど、宮城はどこも予想外に良かった。

うん、いい意味で期待を裏切られたのが白石市の鎌先《かまさき》温泉の「湯主一條《ゆぬしいちじょう》」。名家が温泉を守ってきた歴史もあって、名物料理がフォアグラ大根ってどうなの？と思ったらかなりウマかった。

料理人が県の「宮城の名工」卓越技能者に認定されてるみたい。釘1本使わずに建てたという木造の本館も情緒があった。

絶景を楽しめたのが松島の「小松館好風亭」かな。料理も地の魚を使ったブイヤベースとか工夫してたな。

松島って仙台から日帰りで行く人が多いけど、ゆっくり滞在もオススメ！

レイコ　オススメの食べたい！

「湯主一條」の朝食で食べた地元・白石のササニシキの新米がおいしくてびっくり。ひとめぼれに押され気味のササニシキですが、白石市でもササニシキの復活に力を入れています。

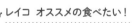

「奥州三名湯」といわれる温泉の中で、鳴子温泉と秋保温泉の２つが位置する宮城県。その他にも、伊達政宗が藩主を務めた仙台藩の時代にルーツをさかのぼる、歴史ある温泉宿が点在する。

その１つが白石市の鎌先温泉で６００年以上の歴史を持つ時音の宿「湯主一條」。鎌先温泉は、約６００年前の室町時代、白石の木こりが鎌の先で岩の隅を打ったところ、温泉がわき出たことから命名されたという。

同宿のホームページによると、今川義元に食客として仕えた初代・一條市兵衛が、当時大洪水の被害を受けていた鎌先温泉の存在と価値を知り、地元の人たちの支持を得て「湯主」となって復興。

道路を整備し、湯小屋を建て宿屋を創業したのが、現在の温泉宿としての始まりだ。藩政時代、領内の温泉は藩の貴重な財産であり、一條家は代々、仙台藩から鎌先温泉の管理人として「湯守《ゆもり》」の役職を与えられたという。

江戸時代には、今でいう旅行雑誌に位置づけられる「温泉番付」に鎌先温泉が掲載され、「傷に鎌先」といわれる効能を公表。「白石は鎌先で保ち、鎌先は白石で保つ」ともいわれ、白石市を盛り上げてきた。

今も残る木造3階建ての本館は、大正から昭和にかけ、釘を1本も使わずに、当時の職人が建設。本館を含む木造建築2棟と土蔵は、国の「登録有形文化財」に指定されている。

鳴子温泉は〝名湯〟といわれるだけあって、日本にある温泉の泉質10種類のうち、7つがそろう温泉のワンダーランド。

その昔、都を追われた源義経一行が平泉を目指して落ち延びる際に、この地を通り、義経の正室が男児を出産。その子が初めて産声を上げたのがこの地の温泉だったため「啼子」、後に鳴子と呼ばれるようになったと伝わる。

いくつか大型旅館がある中、美肌の湯といわれるトロトロの「うなぎ湯」を満喫できる、元祖うなぎ湯の宿「ゆきや」は昭和レトロな雰囲気がいい。木造の建物は湯主一條の本館同様、国の登録有形文化財に登録されている。

その他、伊達家の保養所かつ隠し湯だったという蔵王の青根温泉の「湯元 不忘《ふぼう》閣」は、伊達政宗が滞在の喜びを忘れぬよう「不忘」の名をつけたとか。芥川龍之介や山本周五郎、与謝野鉄幹・晶子夫妻など、名だたる文豪が滞在した歴史が残る。

「奥州三名湯」の1つ、秋保温泉には2024年4月末、星野リゾートが展開する温泉旅館の「界 秋保」がオープンした。

近年、秋保温泉郷には、ブルワリーやワイナリー併設の新しいレストランなど注目のスポットも増殖中。外国人観光客が訪れるインバウンド効果も期待できそうだ。

白石市の鎌先温泉で600年以上の歴史を持つ時音の宿「湯主一條」。国の「登録有形文化財」に指定されている本館は趣があります。

石巻焼きそばを食べつつ復興の推移を考える

石巻、街中がずいぶんにぎやかだね。

今日、「石巻川開き祭り」だってさ。歴史ある祭りらしい。

2013年に初めて宮城を回った時は石巻の沿岸部の光景には言葉が出なかったけど、何年かごとに来ると、少しずつ新しい施設が増えてるね。

毎回、津波発生時に避難場所になったっていう日和山《ひよりやま》に行くけど、そこから見ると変化がよくわかる。

沿岸部の更地がちょっと寂しいけど、地元人気の居酒屋で食べた魚や石巻焼きそばも変わらずおいしかった。

今日はにぎやかだけど、タクシーの運転手さんが、普段は静かすぎるって言ってた。復興の度合いも地域によってそれぞれだね。

レイコ　オススメの行きたい！

牡鹿半島の先端近くの石巻湾に浮かぶ「田代島」は、別名「猫の島」。大漁を招く縁起の良い動物として大事にされ、猫が多く生息。猫が祀られた猫神社もあります。国内外の猫好きが訪れるとか。

宮城県第2の都市・石巻。この地で昭和20年代から食べられているという地元グルメが石巻焼きそばだ。その特徴は焼く前から既に茶色い麺。2度蒸すという工程を経ているためで、べたつかず、やわらかく、味もしみ込みやすい。通常の焼きそば同様、肉と野菜などと一緒に炒め、出汁をかけて蒸す。上に目玉焼きを載せれば完成だ。

そのまま食べても、あっさり出汁の味わいを楽しめるが、そこに好みの量だけソースを後がけするのがご当地スタイル。目玉焼きを崩しつつ楽しみたい。地元っ子にとっては、学校給食でも提供される身近なソウルフードだ。

震災による死者数3277人、建物被害は震災前の全住家数の約76%と、県内でも被害が大きかった石巻。津波の際の避難場所でもある日和山に登ると、まだあちこちで復興工事が進行中だが、震災前からこの地のシンボルでもある「石ノ森萬画館」のほか、地元の土産物がそろう「いしのまき元気いちば」など、新しい施設が少しずつ増えている。

ただし、県内でも最多の復興住宅が建てられたが、高齢化が進み、牡鹿半島沿岸部では空き家も増加し、人口は減少傾向にある。それでも、地元の祭りともなれば市外に移り住んだ元住民も戻ってくる。地元への愛は変わらない。

日和山で街の変化を定点観測しつつ、石巻焼きそばに舌鼓を打ちたい。

たび活×住み活 38

大行列！
「さいち」の
おはぎ人気を体感

秋保温泉の名物、一度は食べてみたかった「さいち」のおはぎ！　ついに本店へ……エッ！　ナニ、この行列。

おはぎ目的でこんなに並ぶか！　駐車場が４つもあって警備員もいる。

まあ、私たちもおはぎ目的で来たんだけど……（苦笑）。

それにしてもみんな両手に何パックも買ってるよ。そんなに食えないだろ。

家族とかご近所に配るのかな。

この行列じゃ……あきらめよう。

（後日）

仙台駅構内の土産店で週3回、販売されているというので、30分前に行ったら既に並んでる！　恐るべし……。甘さ控えめで中のご飯の部分が特においしかった！　さすが米どころ！

レイコ　オススメの食べたい！

秋保の「さいち」の店舗限定で、冬場は納豆をからめたおはぎが売っています。甘いものが苦手な人に人気だとか。また、総菜もおいしいと評判で、温泉帰りの観光客が多く訪れます。

見た目はコンビニ程度の広さの古びた小さなスーパー。だが、休日ともなれば店の前には長蛇の列。4つある駐車場は即、満車。駐車を誘導する警備員も大忙しだ。

店頭には普通に野菜や日用品が並ぶが、大半の客の目当ては、店中央の陳列棚にズラリと並ぶおはぎ。

老舗の温泉宿が立ち並ぶ秋保温泉の街中にある「主婦の店　さいち」が提供する手作りの「秋保おはぎ」だ。過去最高で1日2万5000個以上を売り上げ、1日平均5000個をコンスタントに販売するお化けロングセラー商品だ。

さいちの前社長・佐藤啓二著の『売れ続ける理由』に、その画期的な経営スタイルとおはぎがヒットした背景が綴られる。

同店が近隣の温泉旅館向けの配達商売から、時流に合わせてスーパー業態に転換したのが1979年のこと。競合スーパーとの価格競争に巻き込まれないため、利益率の高い総菜に注力。「東京に嫁に行った娘が孫を連れて帰省してくるから、昔食べていたおはぎを孫たちにも食べさせてやりたい」という客のリクエストに応え、1981年から総菜のバリエーションの1つとして、おはぎ作りをスタートしたのが契機となる。

専務（当時）である佐藤社長（当時）の妻がレシピを試行錯誤した結果、次第におはぎだけを目的にバスを乗り継いでくるような客が増え、人気商品にのし上がる。

特徴は、添加物を使わず、安全第一、品質第一。材料は北海道産の小豆と、宮城産のもち米の王様といわれる「みやこがね」とササニシキのブレンド。小豆のうまさはもちろん、米どころならではのご飯のおいしさに驚かされる。消費期限は当日のみ。出店の誘いは多くあったというが、大半は断り、週３回、ＪＲ仙台駅構内の土産店で個数限定で販売するほかは、原則、現地に行かないと味わうことはできない。

「いくつでも食べられる」ようにと、当時としては甘さ控えめにしたのも人気の秘密だ。

スーパーなのに、折り込みチラシを含めた宣伝は一切していない。１回だけ、売上が多く上がった２００２年、新聞広告を掲載するが、紙面の真ん中に実物大のおはぎをポツンと１個配置し、下に小さく商品のロゴと店名、住所、電話番号、営業時間などが記載されているだけ。前代未聞のデザインで、同年、仙台広告賞の新聞部門大賞を受賞した。

太っ腹なことに「研修させてほしい」という同業他社の依頼に応え、無料でおはぎのレシピを伝授したのも異例だ。

まさに異例ずくめの秋保おはぎ。甘いもの好きも、そうでない人も、一度はトライしてみたい。

秋保にて
「さいち」に行く前に万華鏡の美術館があるから寄ってみよう!
へー珍しいまだ朝早いしOKでしょ
いよいよ「さいち」へ
えっ!!
何あの行列!
さいち
ズラ〜〜〜
おはぎ買うのにこんなに並ぶか!
マジか…
先にコッチに来るべきだった……
みんな、何個も買ってるおはぎ、そんなに食えないだろ
お土産にするのかな?
結局、買うのは断念……
後日、仙台駅構内の土産店でゲット!
それでも30分並んだ……
秋保おはぎ
「さいち」の「秋保おはぎ」人気恐るべし!

たび活×住み活 39

慈眼寺の護摩で修行の神髄を知る

秋保のこんな山奥に、すごい人出！　護摩修法ってこんなに人気あるんだね。

慈眼寺の住職、すごい修行ぶりがテレビでも紹介されてたからな。それにしても何本も護摩木に願いごとを書いてる人がいる。人間とは欲深い（苦笑）。

（護摩修法が終わって……）

オレらも一心に祈らなきゃいけないのかと思って少し緊張したけど、割と見学ベースで、後の説法も意外にカジュアルだったな。

すごい修行をしたからこその穏やかさなのか。説法も特別なことじゃなくて、修行とは同じことを当たり前にやる、手を抜かないとか、真っ当だった。

辛いことにこそ学びがある。〝地獄に感謝〟って言ってたな。

そこまでは達観できない……。

レイコ　オススメの行きたい！

福聚山慈眼寺を訪れる前後にぜひ行きたいのが、華厳の滝などに並ぶ日本三名瀑の１つで、日本の滝百選でもある「秋保大滝」。高所恐怖症の人（私）は崖から見るのが怖いですが、キレイ！

仙台駅からバスで1時間超、車で約40分、仙台市秋保温泉郷に位置する福聚山慈眼寺。山々に囲まれた自然豊かな場所にある同寺に、毎月第3日曜日、全国から多くの人々が集まる。

参拝者の目的は月1回実施される、住職の塩沼亮潤大阿闍梨《だいあじゃり》による護摩修法に参加すること。護摩修法とは、参拝者が願いを書いた護摩木を、住職が火の中に投じて祈祷する、いわゆる護摩焚きだ。毎月1日、慈眼寺のウェブサイトにて護摩参拝席の予約受付を開始。あっという間に席が埋まる人気ぶりだ(予約がない場合、本堂モニターで当日参拝も可能)。なぜ、決して交通の便も良くないこの寺に多くの人が集まるのか。その理由は住職の塩沼大阿闍梨が、人間の限界を超えた厳しい修行を乗り越え、「大阿闍梨」を名乗るに至るまでの足跡と人となりにある。

著書『人生生涯小僧のこころ』にその半生がくわしく描かれる。父は早期に家を出てしまい、恵まれているとはいえない家庭に生まれるが、母親の先祖は伊達政宗に仕えていたとか。幼少から母に厳しくしつけられた影響なのか、子ども時代に「みんなの苦しみがなくなったらいいのになぁ」と考えていたという。たまたま比叡山で最も修行が厳しいといわれる千日回峰行者の姿をテレビで見たことから、「千日回峰行者になりたい」という目標が定まり、19歳で出家する。

そこから修行を重ね、奈良県吉野の大峯山《おおみねさん》で、1日48kmを1000日間歩く「大峯千日回峰行」に入る。なんといっても厳しいのは、マムシとの遭遇や崖崩れなど、様々な危険を伴う山中の荒行にあって、どんな状況になっても一度この行に入ると途中でやめるのは許されないこと。万が一途中で行をやめざるをえない場合は、所持している短刀で自ら腹を切り、死をもって行を終えるという厳しい掟がある。

9年間かけて満行した後には、9日間飲まず・食べず・寝ず・横にならずの「四無行」を満行。次は100日間、五穀と塩を断つ行、その後、24時間一昼夜飲まず、食べず、寝ず、横にならずで8000枚の護摩を焚き続ける「八千枚大護摩供」を成し遂げる。この荒行を成し遂げたのは、1300年の間で塩沼大阿闍梨を含めたった2人。現存では唯一の「大阿闍梨」を名乗れる僧侶だ。

というと、どんなにいかめしい僧侶かと思うが、護摩修法の後の説法では、拍子抜けするぐらい、実に穏やかに日々の話やそこから得た当たり前だが、意外に見落としがちな人生訓を話してくれる。

例えば、大事なのは、一日一日、その日にやらなければならないことをコツコツと根気よく丁寧にやっていくことで、手を抜いたら、次の日に必ずツケが回ってくる。

人間誰しも痛い思いはしたくないし、そんな苦しい経験は避けたいと考えるのが当然だが、それを体験して初めて気づくことがある。人生において何ひとつムダなことはない。いくら「こうありたい」と思っても、人生というのは、自分の思い通りにならないように定められている、と語る。

著書に綴られる「仏さまは自分の器以上のいろんな仕事をしなさいと無理難題を与えてくださる。でも、それはありがたいことだなぁ」――という境地に至るのは、凡人には到底難しい。だが、自然に囲まれた同寺に出向き、真剣勝負で護摩焚きに向き合う塩沼大阿闍梨の姿を見るだけでも、何かポジティブなパワーをもらえるかもしれない。

きれいに庭が整備された「福聚山慈眼寺」。月1回の護摩修法の日には、多くの人が詰めかけます。

宇宙に一番近い！角田のJAXAを訪問

こんなところにＪＡＸＡの施設があるとは意外！

元々、戦前は海軍の爆薬や火薬の工場があった敷地を利用してて、当初はロケットの研究で「大きな音や煙が出ても大丈夫な場所」ってことだったらしい。

確かに広い。そして周辺、何もない（笑）。研究に集中できそう……。

最寄りのＪＲ船岡駅も角田市ではなく、柴田町にあるという。

これがロケットのエンジン？　いろんな試験設備とか広大な敷地が必要なのもわかるわ。

せっかくだから、もっと宇宙のまちとして売り出せばいいのに……。

ねぇ、宇宙食の自動販売機がある！　ここから宇宙気分を味わってみよう。

レイコ　オススメの食べたい！

宇宙食はフリーズドライの「たこ焼き」と「アイスクリーム」を買い、試食。たこ焼きはたこ焼き味のスナック感覚。アイスクリームは、味は確かにバニラアイス。ちょっと不思議な食感でした。

全国に20の事業所・施設を擁する宇宙航空研究開発機構（ＪＡＸＡ）。その１つが宮城・県南にある。角田市の「角田宇宙センター」だ。

敷地面積が東京ドーム約37個分という、広大なこの場所で行われているのは、人工衛星を大気圏外まで運ぶための基幹ロケットのエンジンの研究・開発。１９６５年、航空宇宙技術研究所角田支所を開所したのを機に、一貫してエンジンの開発、高性能化を推進している。宇宙開発展示室は一般の見学も可能。これまで研究開発してきた実物のロケットエンジンや打ち上げに失敗して海底から引き揚げたエンジンも展示されている。屋外では大型液体ロケットエンジンやＨ－Ⅱロケットの燃料タンクの実物なども見られる。

また、市内にある台山公園には宇宙関連施設を整備。Ｈ－Ⅱロケット実物大模型や展望室を備えたスペースタワー、展示を楽しめるコスモハウスの見学などが可能だ。

現在では、将来の高性能エンジンとして、地上から宇宙まで使用が可能な複合エンジンに関する研究開発、大気圏再突入を模擬した実験、研究も進めているとか。

ロケット発射場を備えた、鹿児島県の種子島宇宙センターのような派手さはないが、まさにコレがなきゃロケットが飛ばないという〝心臓部〟を手掛ける重要拠点。宇宙食の自動販売機で気になるレアな宇宙食を試してみるのも楽しい。

海との共存を選んだ女川モデルを知る

女川で行ったレストランの「ニューこのり」、珍しいクジラの刺身とかあって、サンマ焼きもおいしかったよね。

あの辺では一番の人気店だな。

商店街の「シーパルピア女川」からは海も見えてキレイだった。震災遺構の倒壊した旧女川交番に「これからも海とともに生きることを選んだ」って記してあったけど、防潮堤を設けないことを決断したのは大きいね。

防潮堤があると、要塞みたいになるからな、仕方ないけれど。規模が小さな町で公民連携でスピード感を持って復興を進められたのが良かったのかな。

震災前からの過疎化の進行を見越してコンパクトシティ化した、と。能登とか過疎化が進む地方都市で災害が起こった時のモデルになっていくのかな。

レイコ　オススメの行きたい！

女川の駅や商店街の至近距離にあるのがトレーラーハウス宿泊村の「El faro（エルファロ）」。被災した旅館経営者が復興に向けた宿泊施設不足の解消、観光の再生に向け開設したとか。

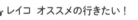

２０２４年1月1日、衝撃的な被害をもたらした能登半島地震。人口減少時代、特に過疎化・高齢化が進むエリアにあって、復興の参考モデルとして注目を集めているのが、女川町の東日本大震災からの復興モデルだ。

震災前は人口1万人ほどの小さな町で、震災による死者・行方不明者８２７人、町内住宅の約9割が被害を受けた。まさに全滅に近い。それでも震災の翌月には、商工会長の呼びかけにより業種の垣根を越え、「女川町復興連絡協議会（ＦＲＫ）」を設立。その際に決まったのが、「町の復興は責任世代となる30、40代の若者に託す。還暦以上は口を出さず、側面支援に徹する」という方針だった。

そこからＦＲＫは住民や民間事業者と共に検討した提言書を町に提出し、町ではさらに「女川町まちづくりリワーキンググループ」を設置し、行政と民間が力を合わせ、公民連携の復興プランがスタート。

町が復興計画を決定したのは、震災から6か月後の２０１１年9月のこと。スピード感を持って計画を進め、「復興のトップランナー」と称された。

復興計画の最大の特徴が「海の存在を最大限に生かす」ということ。海をさえぎる巨大防潮堤を造らず、町全体をかさ上げした形で商業施設や町役場を集約し、市街地は高台に移転。大規模な区画整理を行う。

元々の地形を活かしつつ、観光客を含め、人が集まりにぎわう利便性の高いコンパクトシティに生まれ変わった形だ。

女川町と同様、「シンボルの砂浜を守りたい」と、当初の防潮堤計画を見直し、砂浜を守ったのが、気仙沼市大谷地区の大谷海岸だ。

砂浜をすべて埋め立てる計画だった大谷海岸を守るため、住民間の対立構造をつくらないよう、住民参加の署名や議論、勉強会を行い、防潮堤を砂浜の上に造らない計画にシフト。自然保護と生物多様性保全に貢献した取り組みとして、「日本自然保護大賞」の2017年選考委員特別賞に選出された。

併設された「道の駅　大谷海岸」は天気のいい日ともなれば、海を眺めつつ買い物を楽しむ人であふれる。

同じ気仙沼市でも、気仙沼港や魚市場があるエリアは、商業施設も増え、にぎわっているが、内陸側の気仙沼駅周辺は震災以前からシャッター街化が進み、同じ市内でも温度差が見られる。観光客が増えた女川町や南三陸町も、人口減少率では県内でワースト上位とにつけている。

こうした課題は、自然災害の多い日本にあって、他の都市とて無縁ではいられない。

津波によって杭ごと横倒しになった世界的にも珍しいという鉄筋コンクリート造りの震災遺構「旧女川交番」と「伝承の鐘」。津波の威力のすさまじさに驚かされます。

町名の読み方が難しい七ヶ宿の移住熱を体感

白石駅からバスに乗って約1時間。道中、かなり山深くて不安だったけど、突然、オシャレな建物が現れてビックリ。ここが町の中心かな。「Book&Cafeこ・らっしぇ」だって。

スタッフも若い人が多い。移住支援に力を入れてるんだよね。新築の戸建て住宅に入居できて、20年間住むと土地と建物が無料で譲渡されるとか。40歳までの夫婦で中学生以下の子どもがいる世帯に限るけど。

若い子育て世代にターゲットを絞っているのは戦略的だね。

このカフェや図書館みたいに地域活動として働く場所があるのも大きい。保育料、小中学校の給食費も無料、医療費は高校生まで無料だって。

太っ腹……。

ヒロシ オススメの知りたい！

子育て支援制度では、その他、紙おむつ費用助成、小中高入学時に子育て応援支援金支給などがあります。小さい子どもがいて、冬の寒さや雪に抵抗がない人なら、結構、豊かな暮らしができそう。

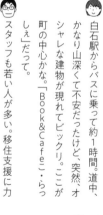

白石川の源流を持ち「水守の郷」と呼ばれ、江戸時代には参勤交代の重要なルートとして7つの宿場があったことに由来する七ヶ宿町。現在も県内最大の「七ヶ宿ダム」を擁し、県民の水がめとして大きな役割を担っているが、人口減少率は県内ワースト上位。町では「小さくても持続可能なまち」を目指し、人口減少に歯止めをかけるべく奮闘している。その最大のポイントが太っ腹ともいえる移住支援施策の数々だ。

住宅取得支援として、新築戸建ての「地域担い手づくり支援住宅」に入居でき、20年間住むと土地と建物が無償で譲渡される。設計段階から打ち合わせに参加し、間取りを自由に決められるというのもいい。40歳までの夫婦で、中学生以下の子どもがいて、地域活動に積極的に参加できる世帯が対象となる。

賃貸住宅に住む際にも家賃補助があり、出産支援、紙おむつ費用助成、高校生まで保険診療無料など、お金がかかる子育て世代にはメリット大。まちおこしに参画する町出資の「七ヶ宿まちづくり株式会社」があり、カフェや図書館など、仕事をする場所を確保しながら、住民と交流できるのも魅力だ。

同町の移住パンフレットは、「七ヶ宿町『ない』もの自慢!」と題し、「何もないけど不便でもない」「教育環境に不安がない」「子育てに不安がない」などと絶賛ＰＲ中だ。

クリエイターが集結!? 栗原市の取り組みを知る

栗原市って（狩野）英孝ちゃんのイメージしかなかったけど、歴史ある「細倉マインパーク」（P142）もあれば、まちおこしにも熱心なんだね。

市の中心部っぽい商店街がシャッター街かな?と思ったら、ちょいちょいオシャレなカフェとかバーがある。

街歩きしてるカップルもいる。失礼ながら!驚いた。

町中華の「たかの食堂」へ。おお、ほぼ満席だ。

吉本興業と連携して、クリエイターを呼び込む移住プロジェクトも話題に。「住みたい田舎」ランキングでも上位につけているらしい。

実態が伴うのはこれからだろうけど、県北にあってがんばってほしい。

ヒロシ　オススメの食べたい！

栗原市で人気の町中華「たかの食堂」は、えび天が載った中華そばの天ぷら中華が名物。味はフツー（笑）にウマい。もつと野菜を炒めたとりもつが絶品。オシャレな店も増殖中です。

「住みたい田舎ベストランキング２０２４年版」で、栗原市が人口５万人以上10万人未満の市を対象にした全国総合部門で初の１位（地方移住をテーマにした雑誌『田舎暮らしの本２０２４年２月号』より）。21年版でも「住みたい田舎」でランクインしたことがあり、県南西部の七ヶ宿町に対し、県北の栗原市も移住ブームが熱い！のだ。

取り組みの１つが市内のシャッター街化していた「六日町通り商店街」の復活だ。若い移住者を中心に、コミュニティの場としてのカフェ開業、地域おこし協力隊のメンバーとのまちづくり会社の設立などで、移住者が開業しやすいまちづくりに取り組んでいる。伝統的なイベントとして行われてきた「くりこま夜市」をアップデートして、マルシェや音楽ライブなども開催。地域内外から約１万人が集まるイベントに成長した。

現在、同商店街には個性的な店が20店舗ほどオープンし、中小企業庁が選定する「はばたく商店街30選　２０２１」にも選ばれている。

さらに、よしもとクリエイティブ・エージェンシー（現・吉本興業）と連携し、若手クリエイターやまちづくり活動に取り組む若者、学生を「市認定・まちクリエイター」として募集・認定し、活動を支援するなど民官合同の活動も積極的に実践している。

人口減少が続く中、個性的な若者が集う地域となるのか。今後の動きに期待したい。

猫好き必訪！丸森町で猫神様に会う

丸森町の存在を今回、初めて知った。仙台からじゃなくて福島からのほうが近いんだね。

漫画『美味しんぼ』で紹介された「金八寿司」のしし（猪）鍋目当てで来たんだけど、思ったよりフツーだったかなー。

でも、町ののんびり、いい感じでひなびてる雰囲気はいい。産直販売所の「丸森物産いちば八雄館」もにぎわってた。名物の「へそ大根」っておもしろい！ 乾燥させた輪切りの大根だけど、切干し大根と違って真ん中に穴が開いてるんだ。

あと、猫を「猫神様」といって大事にしてて、猫の形をした石碑とか石像が町内に点在しているらしい。

宮城、まだまだ知らないマニアックスポットが多い！

レイコ オススメの食べたい！

へそ大根を買って、家で戻して煮物にしました。干した大根特有の甘味と、シャキッとした食感がおいしかったです。細い切干し大根より、こっちのほうが好みかも！ 干し柿も名物です。

猫好きなら必訪！

「猫神様」と呼ばれる猫が彫られた石碑や石像が町内に80基以上。さらに、年１回、「猫神祭」と称する祭りが開催され、全国から猫好きが訪れる——。街を挙げて〝猫推し〟を打ち出しているのが、福島県との県境に位置する丸森町だ。

決してペットブームに乗って、安易に猫推ししているわけではない。歴史的裏付けがある。日本には「猫神様」が１７０基近くあるというが、それには日本の伝統産業が関係している。養蚕だ。

かつて養蚕業が盛んだった丸森町。蚕の幼虫を食べるネズミ駆除のため、養蚕農家の多くは猫を飼っていたとか。ネズミ退治に活躍してくれた猫が亡くなると、その供養のために石碑などを建てた歴史が残る。

養蚕が盛んだった東北地方の他県や長野県の中でも、なぜ丸森町が日本一、猫神様が多い町なのか。そこには、花崗岩の産地で石工が多くいたのも関係している。

産業が推移した今も、町では観光資源としても活用するべく、猫神様をデザインしたクッキーや陶器、地ビールなどを開発する。

２０２２年には猫神様を巡るツアーも企画し、猫神祭もスタート。特製ねこ耳鳥居がある「猫神社」では限定御朱印がもらえるなど、猫好きでにぎわう。

寒い冬の時期に、町の中心を流れる阿武隈川が運んでくる冷涼な風を利用して作る保存食・へそ大根も丸森町の名物だ。

地元産の大根を輪切りにし、ゆでてから真ん中に串などを通し、約1か月ほど軒下に干す。夜に凍って昼間にとける工程を繰り返し、飴色のへそ大根が完成。串に刺した後の穴が「へそ」に見えることから「へそ大根」、もしくは「ばばべそ」と呼ばれている。

見た目は地味だが、煮物にすると、水分が抜けた大根の甘味がしっかり凝縮され、歯ざわりも独特でおいしい。

天日干しされることでビタミンB群やカリウム、カルシウムなどのミネラル、食物繊維などの栄養価が高まる。同様に干し柿も有名だ。

直売所もにぎわっており、「いなか道の駅やしまや」「丸森物産いちば八雄館」「あがらいん伊達屋」などをブラブラ回って、地元の野菜や名物を買い求めるのもいい。

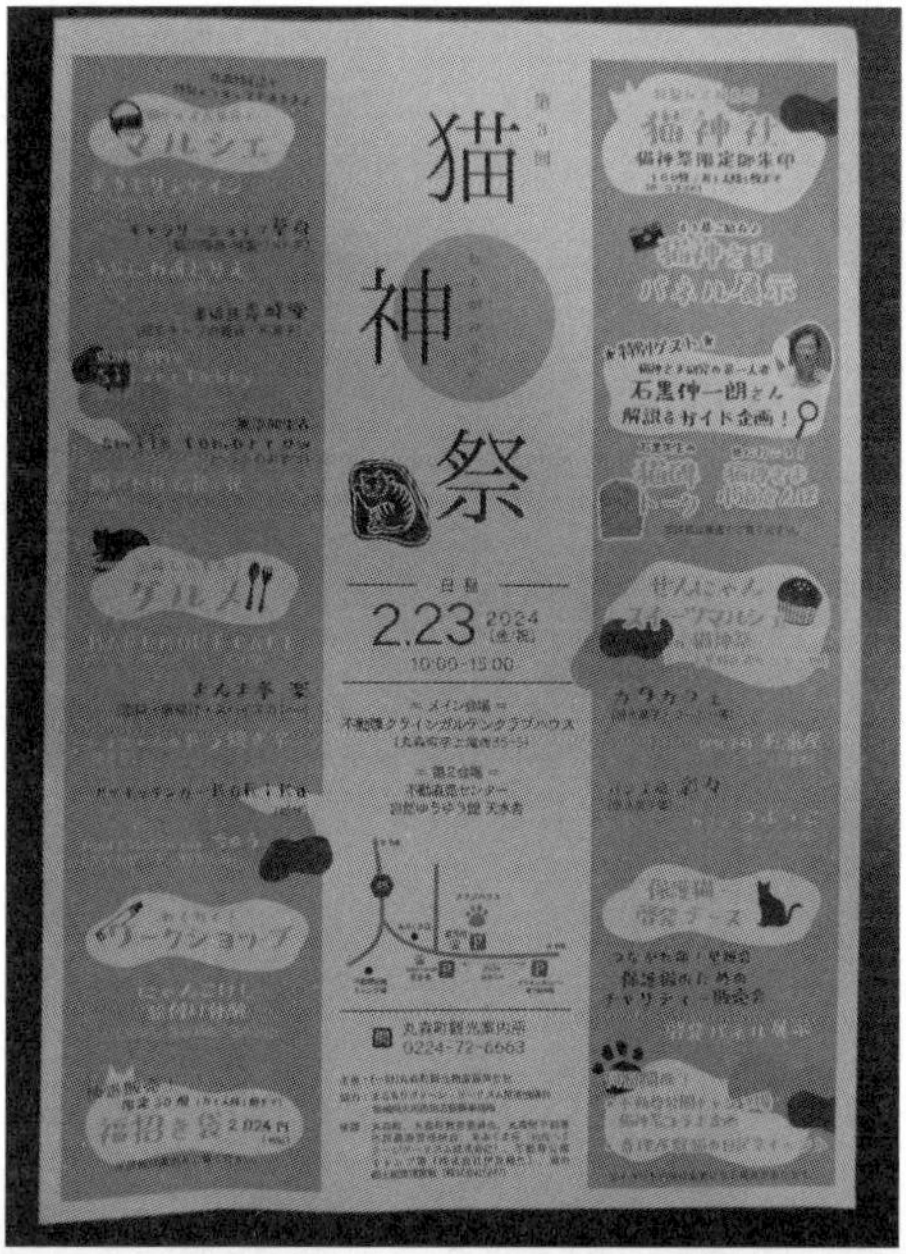

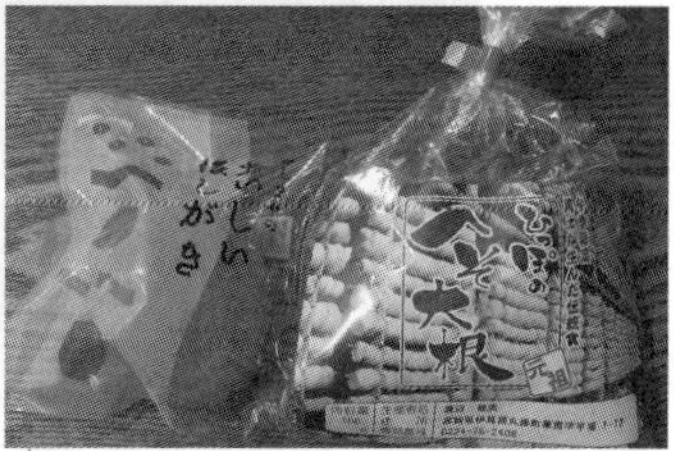

地元の直売所「丸森物産いちば八雄館」には、猫にちなんだ商品が置かれています。冬季の盆地気候の冷涼な風を利用した名産「へそ大根」や「干し柿」も数多く並びます！

たび活×住み活 45

細倉マインパークに鉱山繁栄の歴史を知る

今回、B級スポット的に気になってた栗原市の「細倉マインパーク」。バスでようやく来れたー！

遠かったねー。

目玉の坑道アトラクションは約40分もかかるから、帰りのバスに間に合わない。資料館だけは見よう。

鉱山採掘が盛んだった当時のジオラマとか写真があるね。今はずいぶん静かな町だけど、昔はここ一帯がにぎやかな鉱山タウンだったんだろうね。

全国各地の炭鉱と一緒だな。命に関わる危険な仕事ではあるけど金を稼げるから、全国から労働者たちが集まってきたという。

栄枯盛衰を感じる……。今度は、リアルで怖いっていうウワサの坑道も歩いてみたい！

テーマパークが閉館しないうちに……。

ヒロシ オススメの行きたい！

お笑いタレント・狩野英孝の実家である栗原市の櫻田山神社。実は1500年の歴史を持つとか。年末年始は神主の資格を持っている本人が宮司を務めるとあって、ファンが多く訪れます。

「作業員の人形が今にも動き出しそうで怖い」

「リアルすぎてシュール感がスゴい」

そんなマニアックな人気を集める観光施設が県北の栗原市にある。「細倉マインパーク」だ。

１２００年の歴史を持ち、１９８７年に閉山した細倉鉱山の坑道を再利用したテーマパークで、90年に開園。作業現場など操業当時の様子を人形や模型で再現し、人形のリアルな作りがちょっと怖くてアドベンチャーなスポットとなっている。

そもそも細倉鉱山は伊達政宗が鉱山開発に力を注ぎ、当初は銀山として採掘されていた。17世紀後半からは鉛の産出に力を入れ、仙台藩内最大の鉛鉱山として繁栄する。

１９３４年に三菱鉱業（現・三菱マテリアル）が経営権を取得し、日本を代表する鉛、亜鉛の鉱山へと成長。最盛期の１９６０年前後には鉱山で働く人、１万人超が周辺に暮らし、一大タウンとして栄えた。

しかし、オイルショックなどを経て、経営悪化により閉山。子会社が跡地を管理し、坑道を散策しながら、鉱石採掘の現場をリアルに体感できる施設に生まれ変わる。鉱石を運ぶ貨物線としても活躍したくりはら田園鉄道（当時・栗原電鉄）と併せて、近代化産業遺産に指定されている。

坑道を散策したら、隣接する細倉鉱山資料展示室をぜひ見学したい。当時の鉱山周辺の街並みや生活ぶりを再現したジオラマなどの展示を見ると、その繁栄ぶりに驚かされる。鉱山で働いていた人々が住んでいたレトロな住宅街は2007年、映画『東京タワー オカンとボクと、時々、オトン』のロケ地となるが、震災後、取り壊された。

かつての日本の高度経済成長を支えた施設の1つだが、太平洋戦争下では軍需用鉱山として弾丸の薬きょう用に亜鉛採掘を拡大。人手不足を補うため、朝鮮半島から1000人もの朝鮮人が強制連行され、徴用工として働かせた歴史も残る。過酷な作業現場では落盤事故により命を落とした人も少なくなかったという。

かつてのまばゆい繁栄とその陰も知ることができる産業遺産。様々な歴史をたどれるスポットとして一度は訪問したい。

鉱石運搬の足として活躍し、閉山後もJR石越駅から細倉マインパーク前まで走っていたくりはら田園鉄道線通称・くりでん
2007年に廃線今は石越駅から栗原市民バスが「マインパーク入口」までを結ぶ
同じ電車に乗ってきた人たちが同じバスを待ってるね
みんな細倉マインパークに行くのかな？
ひょっとして人気施設なのか？
あれっ みんな降りていったよ どこ行くんだ？
近くに「くりでんミュージアム」がある！
目的はここか！
実際に営業運転されていた車両を使った運転シミュレーターも楽しめる「くりでんミュージアム」電車好きで知られる人気俳優・神木隆之介くんも取材で訪れたという
どんなにアクセスが不便な場所にも現れる鉄道マニア！オタクは地方経済を救う!?

宮城愛＆その魅力を探る

宮城って、やっぱり仙台のイメージが強いけれど、県全体を巡ると、いろいろがんばってるし、知られざる魅力があるなって痛感した。

これは全国的な傾向かもしれないけど、移住も若者が中心になってオシャレなムーブメントを起こしてる感じだった。

山もあるし川もあって、海もある。食材が豊かなのは恵まれてる。

仙台は都会だけど、ちょっと行くと広瀬川が流れてて、青葉山があって、急に里山モードになるもんね。散歩してても落ち着く。

出た、散歩好き！　まだまだ復興途上の場所があるのを実感できたのも大きかった。まずは仙台市以外、がんばってほしい！

いや、仙台もでしょ（笑）。

レイコ　オススメの知りたい！

「杜の都」の象徴・定禅寺通では、2028年を目途に新たに交流ゾーンを造るなど再整備が進行中。青葉通も、2022年の社会実験を経て、人々が集いやすい場所へ向けた計画を立案中だとか。

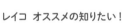

「ほどほど都会で、ほどほど田舎」

以前、執筆した『仙台ルール』（ＫＡＤＯＫＡＷＡ）で、仙台の魅力についてこう記した。多くの仙台人からも挙がる「地元が好きな理由」「住みやすさのポイント」の１つだが、宮城県全体にも当てはまる魅力ではないか。

東北一の都市・仙台は、緑豊かな「杜の都」と呼ばれる。これは伊達政宗が飢餓や風雪などの災害に備え、武家屋敷内の植林を推奨したことに端を発し、仙台空襲で焼け野原になった後も、戦災復興の象徴として植樹がスタートし、青葉通や定禅寺通の街路樹を始めとする現在の〝杜〟が造られた。実は宮城県全体で見ても、国土交通省が発表する都市緑地（都市の自然的環境の保全ならびに改善、都市景観の向上を図るために設けられる緑地）面積は全国４位（１９７６〜２０２２年）。国や自治体が整備する「都市公園」の１人当たり面積ランキングでも全国５位。この地には古《いにしえ》より自然を愛する風土があるようだ。

さらに世界三大漁場に数えられる三陸沖を始め、豊かな海もあれば、山もある。米や魚介類を始め、自然がもたらす恵みも多くある。だからこそ、街の再開発、震災からの復興など、変容の要素は多くありつつも、やはり都会になりすぎてほしくないし、津波を引き起こした海も大事にしたい。それはこの地を愛する人々の共通の思いでもあるのだろう。

ゆりあげ港朝市のにぎわいに驚く

エッ、アレが朝市？　早朝からすごい人じゃない？

フードコートがあるメイプル館もほぼ満席だけど、屋外の店舗と炉端焼きコーナーもにぎわってるね。

炉端焼きコーナーで、みんな魚とか肉とかバンバン焼いて食べてる。朝からみんな元気(笑)。

この辺りは津波で壊滅的な被害を受けたエリアだよな。タクシーの運転手さんが塩害で田んぼも壊滅的にやられたって言ってたけど。

ここは元々、江戸時代から漁港として獲れた魚を仙台藩に卸してたんだって。朝市も30年くらいの歴史があって、震災後も2年で復活したらしい。

全国いろんな朝市があるけど、店舗の豊富さとにぎわいでトップ3には入るよ。

レイコ　オススメの食べたい！

閖上《ゆりあげ》名物の海産物といえば赤貝。ミシュランガイドに載るような高級寿司店でも引っ張りだこのブランド赤貝です。私も一度だけ閖上産の赤貝を寿司店で食べました。甘さと食感が全然違う！

餅は餅屋。
ずんだ餅の食べ比べ

宮城銘菓といえば「萩の月」もウマいけど、ずんだ餅はハマるよな。今日は発祥の店で伊達藩御用菓子司だった「村上屋餅店」へ……。エッ、今日、休業だ。

ありゃりゃ、ザンネン。

よし、もう1つの人気店「エンドー餅店」に行くぞ。執念だ!

(無事、購入しホテルに戻り実食)

宮城県産の秘伝豆を使った「極みづんだ餅」。んっ、ウマい。つぶつぶ感のあるあんもおいしいけど、餅がまたウマい。

宮城県産のもち米・みやこがねを使ってるって。餅は餅屋!だね。

(帰りの新幹線の車内で)

仙台駅で人気の「ずんだ茶寮」のずんだ餅も買ってみた。食べ比べ……うん、コレもイケる。企業努力だね!

どんだけ、ずんだ好き!?

レイコ オススメの知っておきたい!

豆を打ってつぶすという意味の「豆打(づだ)」がなまったのが語源で、昔は「ずんだ」ではなく「づんだ」という表記が一般的。村上屋餅店やエンドー餅店は「づんだ餅」と表記しています。

地元ニュースは「河北新報」でチェック！

地元紙の「河北新報」って創刊以来、無休刊なんだよね。仙台空襲の時だけでなく、東日本大震災の時は「新潟日報」の協力を得て、号外を刊行したっていう。

地元紙ならではの使命感だね。石巻の「石巻日日新聞」だっけ？　津波で新聞を印刷できなかった時も、手書きの壁新聞を刊行して話題になってた。

河北新報の名前も、東北が明治維新後に「白河以北一山百文」と軽視されたことへの反骨心と、東北復権への志を込めてるんだって。

高校野球でも仙台育英が優勝した時に、優勝旗の「白河の関」越えって話題になった。東北って、そういう不屈の精神みたいなのが根付いてる気がする。

レイコ　オススメの知りたい！

河北新報の創業家・一力家の子孫、一力遼本因坊は河北新報社に勤めながら、棋士として多数の最年少記録を保持している、囲碁業界で著名な存在。囲碁の世界では“藤井聡太”的存在!?

たび活×住み活 50

米どころなのに？ 登米名物「はっと」にトライ

「はっと」って小麦粉で作る登米市の郷土料理なんだけど、意外に食べられる店がないんだよ。ここ、「味処　あらい　中田本店」は普通のはっとと、甘いあずきはっとも食べられる！

すいとんみたいな料理だから、どっちかというと家庭料理なのかな……。来た！　基本のしょうゆはっと、うん、出汁がおいしい。

優しい味で意外にイケるね。

セットのミニあずきはっとも、ちょっと甘いものを食べたい時にいい。一緒に頼んだ味噌焼きおにぎりが地味にウマい！　登米市って米どころだしね。

昔は藩に年貢として納めてたから、庶民は米を食べられなかったんだろうね。そこから生まれたはっとは庶民の味方！

ヒロシ オススメの食べたい！

登米のもう１つの名物が油麩《ふ》。こちらも小麦粉製品。煮物に入れたり、油麩を卵でとじた丼も。仙台の人気老舗店の「おでん三吉」でシメにいただきました。優しい味で飲んだ後に合う！

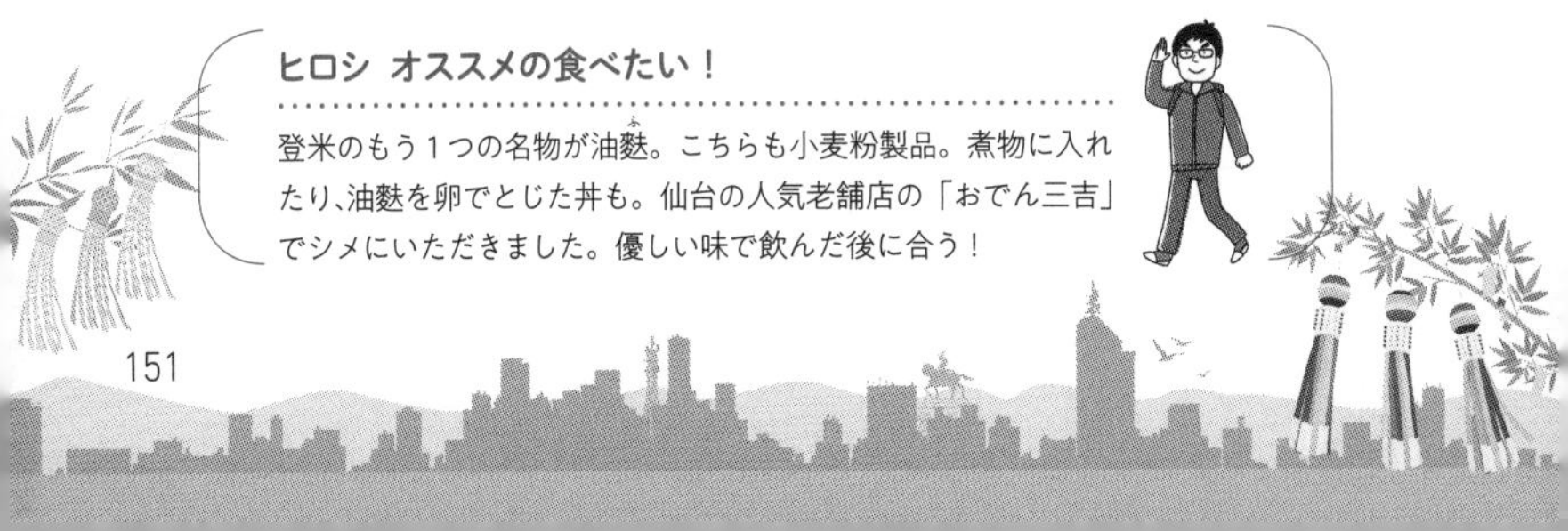

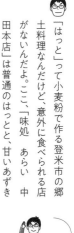

たび活×住み活 51

親を思う「温情」が生んだ白石の「温麺《うーめん》」に舌鼓

温麺って、そうめんを温かくして食べるヤツだと思ってたけど、そもそも全然違う麺類なのね。

江戸時代、白石城下に住んでいた男が、胃を患った父親のために油を使わない、消化の良い麺を作ったことが始まりで、この話を聞いた白石城主の片倉小十郎が感動して名付けたとか……。

親を思う温かい心が生んだ麺ってことかな?

タクシーの運転手さんが薦めてくれた、「味見処 光庵」へ。おっ、行列が!

運転手さん、冷たくして食べるほうが好きって言ってたけど……。うん、確かに!

この店、片倉小十郎に仕えた名家・吉見家が経営してるっていうし、一味違う!?

レイコ オススメの食べたい!

白石温麺を使った郷土料理が「おくずかけ」。野菜や豆腐、油揚げなどを煮込み、白石温麺を加え、くず粉や片栗粉でとろみをつけたもの。県南地域で彼岸や盆の時期に食べられるとか。

にぎわう「道の駅」でご当地色を知る

宮城で、いろんな道の駅に行ったけど、どこも混んでた気がする。

確かに県北の栗原市とか県南の七ヶ宿町とか、ちょっと辺ぴなところでも、道の駅はにぎやかだったな。

大崎市の「あ・ら・伊達な道の駅」は、年間300万人も訪れるらしい。北海道で人気の「ROYCE《ロイズ》」があって、なぜ？と思ったら、北海道当別町と旧・岩出山町（現・大崎市）が姉妹都市で、道の駅限定の岩出山デザインの商品もあった。

七ヶ宿町の道の駅は、七ヶ宿ダム湖カレーが名物だけど、売場にあった手作りのおこわと味噌味の「笹ゆべし」が地味においしかったかも。

大谷海岸の道の駅は、目の前に海が広がってきれいだったな。それぞれ地域性が感じられるのも楽しい。

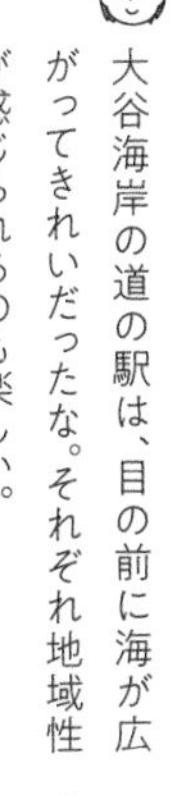

レイコ　オススメの知りたい！

大崎市は毎秋、全国から熱気球のチームが参加してその技術を競い合うバルーンフェスティバルが行われます。道の駅の特設会場でも季節限定で週末・祝日に熱気球の係留試乗体験ができます。

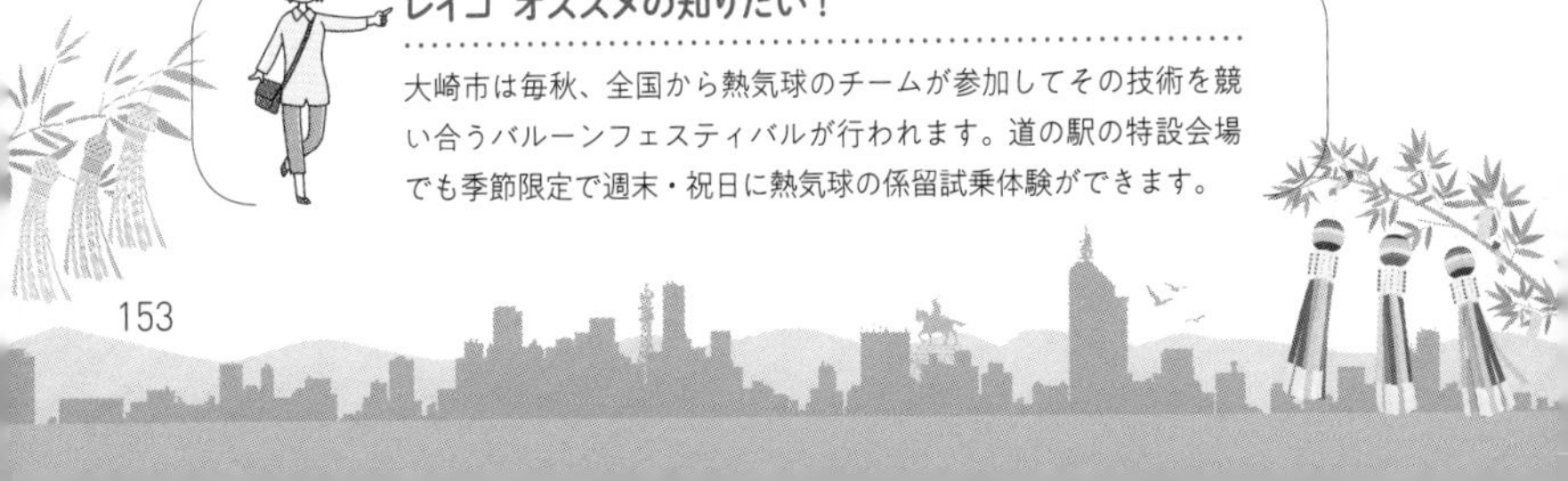

仙台市民の食堂！半田屋でまったり

地元飲食チェーンの「半田《はんだ》屋」って、ラーメンとか丼とかガッツリ系もあれば、おひたしとか煮物とか小鉢系もあって、自由に選べるスタイルが学食みたいでいいね。

缶チューハイとか自分で注ぐ生ビールもあって、ちょい飲みもできる。

昔は安くて腹いっぱい食べたい学生とかガテン系の人たちの食堂といったイメージだったらしいけど、組み合わせ次第でヘルシーにいけるのもうれしい。

仕事終わりのサラリーマン風から学生、女性の1人客もいるし。仙台市民の食堂って感じだな。

店に貼ってあるポスターの広告コピー「生れた時からどんぶりめし」っていうのも潔い。白飯とかライスとかじゃなくて、めし！

レイコ オススメの行きたい！

名物の「めし」はちょい盛、ミニ、並、小、中と5サイズ。中で806kcalってコレ、多分超大盛り！　昔は「とても食べきれません」と注釈がついた幻の大サイズもあったらしい。

データ編　宮城県を知る

東北地方の中心に位置し、東北唯一の政令指定都市・仙台市を県庁所在地に据える宮城県。東は太平洋に面し、豊かな漁場と日本三景の１つ・松島などの風光明媚な観光地に恵まれているほか、西には蔵王・船形・栗駒などの山々が連なり、中央部には有数の穀倉地、仙台平野が広がる。源泉総数749か所を誇る「温泉大国」でもある。

海・山・川・平野が調和した自然が生んだ豊かな「食材王国」の側面を持つ一方、工業都市としても、臨海部の石油、製紙、鉄鋼業、内陸部では電子部品、自動車などの加工組立工業が集積し、半導体企業の進出も予定されている。

伊達政宗の時代から商業も栄え、東北最大の商業都市・仙台市を始め、郊外では大型店も進出。沿岸地域を含め県内の各地域で地域色を活かした商店街、道の駅などが点在。にぎわいを創出している。その他、地元プロ野球チームの東北楽天ゴールデンイーグルス、Ｊリーグチームのベガルタ仙台など、スポーツも盛んな“東北の雄”の魅力、エリアごとの個性、移住相談先などを紹介していく。

ザックリつかもう！ 宮城ってどんなとこ？

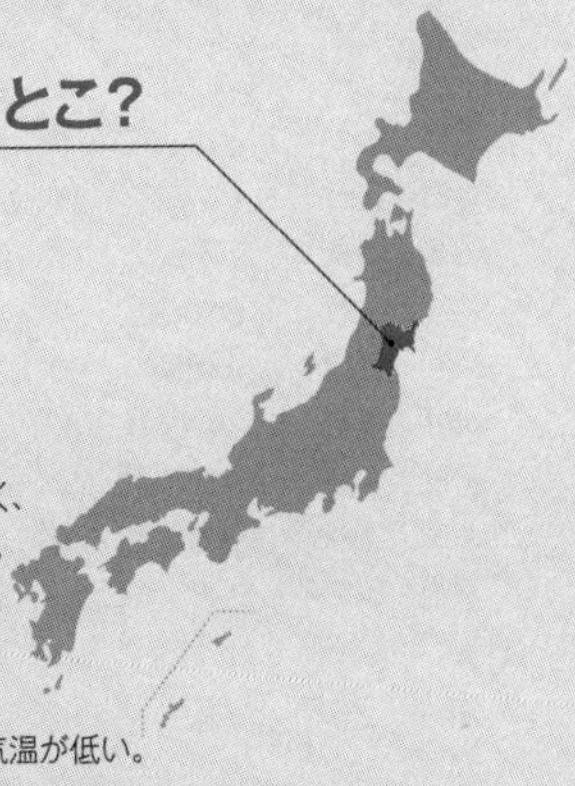

<規模>

・面積 約7282㎢（全国16位）
・人口 約225万人（全国14位）

<気候>

・県全体としては太平洋岸型気候に分類され、夏季は酷暑が少なく、冬季も東北地方の中では積雪が少なめで、比較的生活しやすい。
・県北部の太平洋沿岸部は冬季も比較的温暖だが、栗原市・大崎市西部は内陸性気候となり冬季の寒さが厳しく、豪雪地帯に属する。
登米市、栗原市・大崎市東部は内陸盆地ならではの気候で最低気温が低い。
・仙台市、県南（仙南）エリアは、東部は関東地方の気候に近く、西部は夏は冷涼、冬は比較的温暖だが、内陸部の仙台市秋保や白石市などは寒冷で積雪も多い。

<生活・医療>

・病院など一般診療所の人口10万人当たり施設数は、62.90（全国平均72.55）。
・医師数5721人、歯科医師数1770人（それぞれ人口10万人当たり248.5人、76.9人）。
・1か月当たりの家賃・間代（専用住宅）は平均4万8894円（全国5万5695円）。
・多くの自治体で18歳までの通院・入院など医療費無料の移住支援策あり。

参考資料　宮城県ホームページ、国土地理院「令和6年全国都道府県市区町村別面積調査」、総務省「住民基本台帳に基づく人口、人口動態及び世帯数」に基づく人口（令和5年1月1日現在）、「日本医師会JMAP地域医療情報システム」

さらに深掘り！
宮城県の地域ごとの特徴を知ろう

宮城県は35市町村、14の市、20の町、1つの村で構成される。県では大きく7つの広域圏（気仙沼・本吉圏、栗原圏、登米圏、石巻圏、大崎圏、仙台都市圏、仙南圏）に分けられるが、本書ではポータルサイト「みやぎ移住・交流ガイド」（宮城県）の区分に沿って、4つのエリアごとに、各市町村の特徴、主な産業などを紹介する。

三陸エリア

気仙沼市、南三陸町、石巻市、女川町、東松島市

世界三大漁場の三陸・金華山沖を擁し、水産業が盛んなエリア。気仙沼市は、全国有数の漁業基地として栄え、水産関連業も多岐にわたる。海と山が至近距離にあるコンパクトシティが、南三陸町。子育て世代への医療費助成や出産支援なども手厚い。石巻市は、基幹産業としての漁業や農業、製紙業に加え、移住者の増加によりデザイナー、クリエイター、IT関係など新たな産業が生まれている。女川町は、高台住宅地を分譲中で、土地と家を取得した人に最大300万円を助成。東松島市は、仙台エリアと石巻市の間にありベッドタウンとしての立地も快適。移住支援金制度もそろう。

県北エリア

登米市、栗原市、大崎市、涌谷町《わくやちょう》、美里町《みさとまち》、加美町《かみまち》、色麻町《しかまちょう》

自然が豊かで、農業、畜産などが盛んなエリア。登米市は、肉用牛の生産量は東北随一で稲作も盛ん。内陸北部に位置する栗原市は、面積の8割を森林や田畑が占める田園都市。東北新幹線が通り東京とのアクセスも良い。県内有数の米どころの大崎市には、40歳以下の若年世帯への住宅支援事業（上限100万円）、リフォーム補助、家賃補助などの制度も。桜と城がシンボルの涌谷町も、米作りが盛んで、仙台へのアクセスも良好。美里町は町の面積の約7割を田畑が占め、農業が盛ん。交通の要所・JR小牛田駅があり、電車通勤の利便性が高い。3つの酒蔵、仙台味噌やしょうゆ製造の会社を擁し、地元発の食の魅力も多い加美町。奨学金返還支援補助金もある。色麻町は自然に囲まれた風光明媚な町で、夫婦の平均年齢40歳未満または小学生以下の子どもを持つ世帯が格安で入居できる地域活性化住宅などの支援策がある（入居要件あり）。

仙台エリア

大衡村《おおひらむら》、大和町《たいわちょう》、大郷町《おおさとちょう》、富谷市、松島町《まつしままち》、七ヶ浜町《しちがはままち》、利府町、塩竈市、多賀城市、仙台市、名取市、岩沼市、亘理町、山元町

県庁所在地の仙台市を始め、仙台市へのアクセスの良さから、企業が多く進出し、移住熱も高いエリア。宮城県のほぼ中央に位置する大衡村は、交通アクセスが良好。自動車関連企業ほか半導体関連企業も進出し、雇用拡大中。大和町は、4つの工業団地を擁し、先進的な企業が数多く、宮城大学も位置する。大郷町は、米や野菜など農業が盛んで、住まいのサポートも充実。富谷市は、2023年住環境調査で県内1位の実績を持ち、住みやすさで高い評価を得ている。松島湾に面した松島町では、防災機能の強化、防災教育に力を入れている。七ヶ浜町は、東北・北海道の市町村で一番面積が小さく、主要な生活インフラが町の中心に集中し、利便性が高い。JR駅が3つ、インターチェンジが4つあり、通勤・通学にも便利なのが、利府町。東北最大級のイオンモールがあり、イベントが行われる宮城県総合運動公園も位置する。利府梨が名物。塩竈市は日本有数の生鮮本マグロの水揚げ量を誇り、水産関連業が盛ん。歴史遺産を豊富に擁する多賀城市は、

主要道路沿いの商業施設が豊富で、JR多賀城駅前には蔦屋書店を併設した市立図書館がある。東北一の仙台市は、都会ながら通勤時間が平均30分未満とワークライフバランスも実現。山、海などの自然が豊かで、気候が温暖なのが魅力の名取市。大型商業施設が立地し利便性が高いほか、市内に大型の公園が6か所あり子育てもしやすい。岩沼市は、仙台国際空港があり、立地的優位性から商工業都市として発展。亘理町は、東北の湘南ともいわれ、県内有数のサーフスポットがある。県内最高水準の移住・定住支援補助金制度を誇るのが山元町。温暖で降雪が少なく、イチゴを始めとした果物やホッキ貝などの海の幸も豊富。

県南エリア

川崎町《かわさきまち》、村田町《むらたまち》、大河原町《おおがわらまち》、柴田町《しばたまち》、角田市《かくだし》、丸森町、白石市、蔵王町《ざおうまち》、七ヶ宿町《しちかしゅくまち》

東北にあって気候が温暖で住みやすいエリアが多い。内陸部ではスキーも楽しめる。仙台市と山形市の中間にあるのが川崎町。温泉やキャンプ、里山体験など田舎を満喫できる。都市部や仙台国際空港へのアクセスが良好な村田町。商業施設が豊富でショッピングセンター・病院・官公庁が集積しており利便性が高い一方、自然も豊かな大河原町。白石川沿いの「一目千本桜」が有名。自然が豊かながら、商業施設が点在する利便性の高い柴田町。医療機関も充実しており、通勤・通学もしやすい。角田宇宙センター(JAXA)が位置する角田市は、製造業と農業が盛んで、県内随一の穀倉地帯。丸森町は、盆地状の地形で寒暖差を利用した農業が盛ん。保育料、子ども医療費、学校給食費の3つの完全無償化を実現。城下町として栄え、蔵王連峰など自然も豊かな白石市。温泉、スキー場などレジャー施設も豊富。県を代表する山岳観光地の蔵王町。県内随一の果樹産地であり、温泉、ゴルフ場、2つのスキー場がある。手厚い移住支援策が特徴の七ヶ宿町。豊かな自然環境が楽しめ、小さな町だからこその教育体制で少人数の個別指導にも力を入れている。

移住・就農などを検討するならこちらに相談、情報をチェック

- まずは"移住のいろは"が学べるポータルサイト「みやぎ移住・交流ガイド」で情報収集をしよう。
- 相談(事前予約制)をするなら、「みやぎ移住サポートセンター」へ。東京交通会館(東京・有楽町)の「ふるさと回帰支援センター」内に相談窓口があり、宮城県内35市町村や関係機関と連携し、対応している。
- 第1次産業に従事したい場合は、県の「就農相談センター」「林業労働力確保支援センター」「漁業就業者確保育成センター」などでサポート。
- 起業・創業支援は「みやぎ創業サポートセンター」へ。

参考文献

『仙台ルール　仙台ダテなライフを楽しむための49のルール』
　都会生活研究プロジェクト[仙台チーム]著　KADOKAWA

『ブラタモリ 3　函館　川越　奈良　仙台』　NHK「ブラタモリ」制作班監修　KADOKAWA

『宮城のトリセツ　地図で読み解く初耳秘話』　昭文社

『宮城「地理・地名・地図」の謎　意外と知らない宮城県の歴史を読み解く！』
　木村浩二監修　実業之日本社

『人生生涯小僧のこころ』塩沼亮潤著　致知出版社

『仙台牛たん焼き物語』井上英子著　河北新報社

『会いに行ける酒蔵ツーリズム　仙台・宮城』　KADOKAWA

『売れ続ける理由　一回のお客を一生の顧客にする非常識な経営法』
　佐藤啓二著　ダイヤモンド社

『99％の絶望の中に「1％のチャンス」は実る』　岩佐大輝著　ダイヤモンド社

『ふるさと文学さんぽ　宮城』仙台文学館監修　大和書房

『せんだい現代文学案内　仙台、言葉の幸。』　仙台文学館

『みやぎから、』佐藤健・神木隆之介著　NHK出版

『復活力』サンドウィッチマン著　幻冬舎

『BLUE GIANT』石塚真一著　小学館

『Quick Japan Vol.170 2024年2月号』太田出版

データについては、宮城県・各市町村ホームページのほか、
ポータルサイト「みやぎ移住・交流ガイド」、「みやぎ移住サポートセンター」、
国土地理院「令和6年全国都道府県市区町村別面積調査」、総務省統計局「令和2年国勢調査」・「住民基本台帳に基づく人口、人口動態及び世帯数」・「家計調査　品目別都道府県庁所在地及び政令指定都市ランキング」（2021～23年平均）、復興庁「産業復興事例集」、「日本医師会JMAP地域医療情報システム」、「河北新報」、全国紙、各自治体観光・移住パンフレット、企業・団体ホームページなどを参照しました。また、本書の執筆に際し、取材にご協力いただいた方々に感謝申し上げます。

あとがき

以前の著作（『仙台ルール』）では、仙台市をメインの題材に取材・執筆し、今回は宮城県全体にフォーカスしました。そこで、浮かび上がってきたのは「宮城ってこんなに多様な魅力があったんだ」という気づきでした。

ザックリいえば、東京にいれば、全国のモノが何でも手に入るように、仙台でも宮城のモノ・コトの多くが集結しています。けれど、やっぱり現地に行かないと、三陸の海の青さは体感できないし、土地の肴に合わせた日本酒の臨場感あるウマさもわからない。その地に住み、さまざまな事業に関わるヒトの思いも含めて。

東日本大震災からの復興についても、そう。２０１３年に出向いてから、約10年ぶりに行った気仙沼がすっかりにぎやかになっていて、驚くとともにうれしかった。一方でテレビの画面越しに見ていたはずの震災遺構も、いざ目の当たりにすると言葉も出ず、津波の威力におののくばかりでした。

百聞は一見に如かず、ですね。本書は、「笹かま」とか「萩の月」といった〝仙台アイコン〟が少なめですが、その分、独断と偏見でマニアなネタを精力的に盛り込みました（笑）。新たな宮城の魅力発見にお役立ていただければ幸いです。

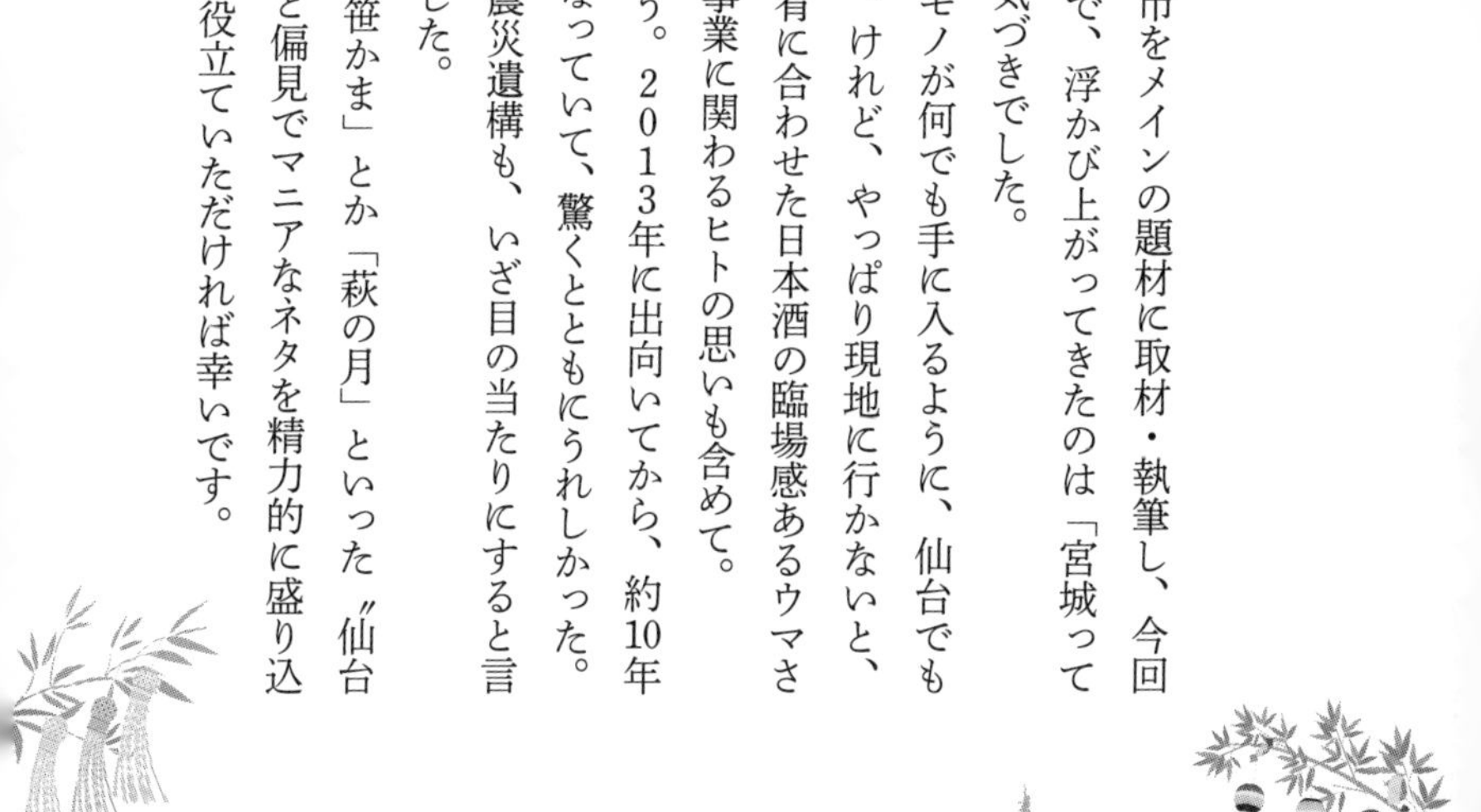

著者紹介
たび活×住み活研究家　大沢玲子

2006年から各地の生活慣習、地域性、県民性などのリサーチをスタート。ご当地に縁のある人々へのインタビュー、アンケート調査などを通じ、歴史・衣食住・街など、幅広い角度からその地らしさに迫り、執筆を続けている。『東京ルール』を皮切りに、大阪、信州、広島、神戸など、各地の特性をまとめた『ルール』シリーズ本は計17冊、累計32万部超を達成。
本人は鹿児島出身の転勤族として育ち、現在は東京在住。根なし草的なアウェーの立場を活かし、ホットなトピックとして〝移住〟〝関係人口〟などを絡めた新しい地方の楽しみ方を紹介している。

読むと行きたくなる。行くと住みたくなる――

「たび活×住み活」in 宮城

「データ編 宮城県を知る」付き

2024年7月8日　第1刷発行

著者　大沢玲子

漫画　斉藤ロジョコ
校正・校閲　鈴木健一郎
装丁・本文デザイン　有限会社 ZAPP!　白金正之

発行者　五島　洋
発行所　ファーストステップ出版
〒151-0064　東京都渋谷区上原1-34-7　和田ビル2F
有限会社ファーストステップ
TEL 03-6906-8431

印刷・製本　中央精版印刷株式会社
ISBN978-4-909847-08-9　C2026